★ ★　　　　　　　　　　　★ ★ ★
어원으로 재미있게 공부하는 **영단어책**

어!
원하던
초등
영단어

다락원

어원으로 재미있게 공부하는 **영단어책**

어!
원하던
초등
영단어

글 정효준 ǀ **그림** 노아연
펴낸이 정규도

초판 1쇄 발행 2019년 6월 25일
초판 3쇄 발행 2024년 1월 17일

책임편집 장경희, 최주연, 권민정
표지·본문 디자인 이은희
전산편집 엘림

다락원 경기도 파주시 문발로 211
내용문의 (02)736-2031 내선 523
구입문의 (02)736-2031 내선 251~252
Fax (02)732-2037
출판등록 1977년 9월 16일 제406-2008-000007호
Copyright ⓒ 2019, 정효준·노아연

ISBN 978-89-277-0439-3   63740

http://www.darakwon.co.kr
다락원 홈페이지를 방문하시면 상세한 출판 정보와 함께 MP3 자료 등 다양한
어학 정보를 얻으실 수 있습니다.

★ ★   ★ ★ ★
어원으로 재미있게 공부하는 **영단어책**

어!
원하던
초등
영단어

이 책을 선택한 친구들에게

친구들은 영단어 공부를 어떻게 하나요? 아마 하루에 10~20개씩 영단어를 열심히 외웠는데 며칠이 지나면 외웠던 단어가 생각나지 않아 화가 났던 경험도 있을 거예요. 열심히 쌓은 공든 탑이 와르르 무너진 건데요.

여러분은 초등학교 졸업할 때 800단어, 고등학교를 졸업할 즈음엔 2000단어 이상을 알고 있어야 원어민과 정상적으로 소통을 할 수 있어요. 하지만 단순히 '외우기만' 해서는 절대 2000단어를 계속 기억할 수 없겠죠.

그럼 어떻게 하면 영단어를 잘 기억할 수 있을까요?

뿌리 깊은 나무가 잘 자란다는 말이 있죠. 그런데 언어에도 '언어의 뿌리(어원)'가 있답니다. '수영', '수상스키', '수돗물' 이 세 단어를 보면 가장 먼저 뭐가 떠오르나요? 바로 '물'이죠. 한자 '水(물 수)'를 알고 있기 때문에 '물'이 떠올랐을 거예요. 어원 '水'를 알고 있다면 수심(水深), 수질(水質), 수력(水力)과 같은 어려운 단어도 정확한 뜻은 모르더라도 '水'가 있기 때문에 물과 관련된 단어임을 미루어 짐작할 수 있게 돼요. 이렇게 어원을 통해 단어의 의미를 파악하면 그 단어를 훨씬 더 빨리 이해하고, 오랫동안 기억할 수 있어요.

영단어도 마찬가지예요. 그 단어가 어디서 왔는지 어원을 알면 기껏 외웠다가 잊어버리는 실수를 반복하지 않고 많은 단어를 잘 기억할 수 있어요.

예를 들어, 어원 tele가 '멀리'를 의미한다는 것을 알고 나면 telephone(소리를 멀리 전하는 것 → 전화기), television(영상을 멀리 전하는 것 → 텔레비전), telepathy(감정을 멀리 전함 → 텔레파시), telescope(멀리 있는 범위까지 보게 해주는 것 → 망원경) 등 tele가 들어간 다양한 단어의 뜻을 훨씬 쉽게 이해할 수 있죠.

이 책에는 초등 고학년과 예비 중학생이 반드시 알아야 할 필수 어원 50개와 그 어원으로 이루어진 300개의 영단어가 들어있어요. 선생님이 직접 그린 코믹한 삽화를 통해 어원과 각 단어의 뜻을 쉽게 이해할 수 있도록 했고, 각 단어가 쓰인 예문과 게임 같은 연습 문제로 지루하지 않게 학습할 수 있을 거예요. 또한 교육부 권장 초등 단어 중에서도 교과서에 특히 많이 등장하는 초등 필수 기본 단어 200개를 엄선해 수록했으니, 본격적으로 이 책을 공부하기 전에 그 단어들을 얼마나 알고 있는지 꼭 스스로 테스트해 보세요.

이 책에 담긴 어원과 그 어원으로 이루어진 영단어를 잘 학습한다면 영어 실력의 뿌리가 튼튼하고 깊어질 것이고, 앞으로 1000개 이상의 많은 단어를 학습할 때에도 이 실력이 강력한 힘을 발휘할 거예요! 여러분의 영어 실력이 쑥쑥 성장하길 바랄게요.

2019년 6월
정효준, 노아연

이 책을 추천합니다!

이 책을 접한 후 제게 가장 먼저 떠오른 기억은 저의 중학교 시절이었습니다. 중학교에 입학하면서 처음으로 샀던 책이 빨간 표지로 된 손바닥만한 크기의 영어 단어장이었죠. 여느 영어 단어장처럼 알파벳 A부터 Z까지 순서대로 영어 낱말들을 우리말 뜻과 함께 보여주는 책이었는데요. 영어 수업 시간마다 낱말들을 10~15개씩 외우고 또 시험을 보곤 했던 기억이 납니다. 물론, 그때의 노력이 지금 영어를 사용하는 데 도움을 주고 있긴 하지만, 그 당시에는 무작정 영어 낱말의 발음과 철자, 우리말 뜻을 외우려고만 하다 보니 쉽게 외워지지도 않고 금방 잊어버리게 되더군요. 그러다 보니 영어가 어렵게만 느껴졌었죠.

어른이 되어 영어를 전문적으로 전공하게 되면서 하나의 영어 낱말이 작은 부분들(word parts)로 나뉠 수도 있고, 또 그 부분들이 각각의 의미를 지니고 있어서 전체 낱말의 큰 의미를 만들어 내기도 한다는 사실을 알게 되었죠. 그 후, 한 낱말이 어떤 부분들로 구성되어 있는지, 각 부분이 어떤 의미를 담고 있는지를 생각하며 모르는 낱말의 의미도 더 쉽게 추측해 볼 수 있었고요. 영어 낱말을 외우는 데 부담감이나 어려움보다는 재미와 호기심이 생기게 되었습니다. 또한 이렇게 외워둔 낱말은 기억에도 오래 남아 있을 뿐만 아니라 영어를 사용하는 순간 머릿속에서 더 쉽고 빠르게 꺼내 올 수도 있었고요.

이 책은 영어로 의사소통할 때 필수적으로 알아야 할 영단어를 무조건 통째로 암기하는 것이 아니라 흥미롭고 효과적으로 학습할 수 있는 방법을 제시해 주고 있습니다. 각 낱말을 부분들로 나누어 탐색해보고, 각 부분이 어떤 의미를 지니고 있는지 파악함으로써 낱말의 전체 의미를 이해할 수 있도록 했습니다.

이 책의 저자는 초등 영어 교육 전문가이자 현장 교사로서 영어 교육에 관한 풍부한 지식과 경험을 쌓아 오신 분들이에요. 영어 교육에 대한 고민과 열정이 담긴 이 책을 통해 초등학생 및 예비 중학생, 또 영어 어휘 지식의 기초를 닦기를 희망하시는 독자 여러분들이 영어 어휘 학습의 뚜렷한 방향을 정립할 수 있기를, 영어 어휘에 대해 알아가는 즐거움을 느낄 수 있기를 희망해 봅니다.

끝으로 우리나라의 영어 교육에 작은 보탬이 되고 싶은 사람으로서 이러한 책이 나올 수 있도록 애써주신 저자와 출판사 관계자분들께 감사의 마음을 전합니다.

춘천교육대학교 영어교육과
교수 정은숙

도전! 영어 우등생~ 어원과 그림으로 익히는 필수 영단어

매일 매일 연습장에 빽빽이 쓰며 외워도 자고 나면 가물가물한 영단어의 늪! 이 늪에서 빠져나올 현명한 방법은 바로 단어의 뿌리, 즉 어원을 기억하는 거예요. 단어의 어원 속에 숨어 있는 의미를 알고 있다면 그 어원에서 뻗어 나온 다양한 단어의 뜻도 쉽게 이해할 수 있죠. 어원별로 정리한 단어 설명과 이미지가 있는 이 책과 함께 영어 우등생에 도전해보세요.

1일 1유닛, 30일 완성 프로젝트! 이제 시작해보세요~

이미지로 기억하는 어원
어원의 의미를 오래, 재미있게 기억할
수 있게 도와주는 유머러스한 그림

발음 듣기 QR코드
단어가 어떻게 발음되는지 QR코드를
찍어 표제어와 예문 듣기

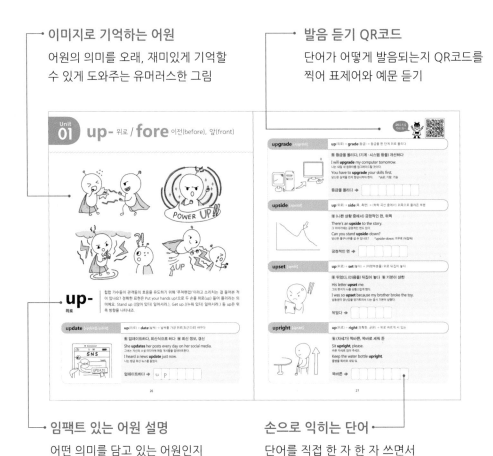

임팩트 있는 어원 설명
어떤 의미를 담고 있는 어원인지
이해하기 쉽게 설명

손으로 익히는 단어
단어를 직접 한 자 한 자 쓰면서
몸으로 기억하기

한 컷 단어

단어를 이미지로 기억할 수
있도록 심플하고 재미있는
그림으로 묘사

단어의 의미와 활용

단어의 품사와 뜻, 파생어,
실제 활용 예문 제시

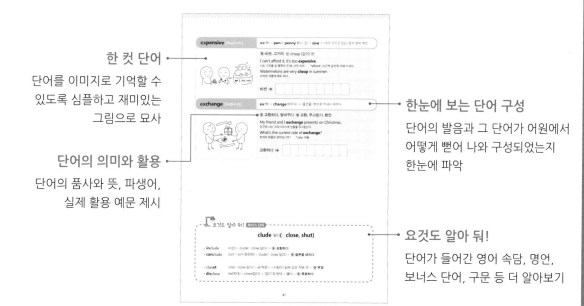

한눈에 보는 단어 구성

단어의 발음과 그 단어가 어원에서
어떻게 뻗어 나와 구성되었는지
한눈에 파악

요것도 알아 둬!

단어가 들어간 영어 속담, 명언,
보너스 단어, 구문 등 더 알아보기

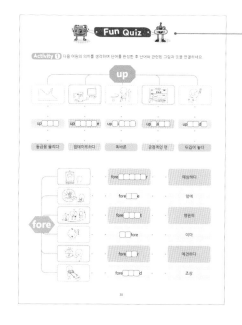

Fun Quiz

학습한 단어들을 잘 이해하고
있는지 다양한 연습 문제로 체크

〈책 속 단어 구성 비율〉

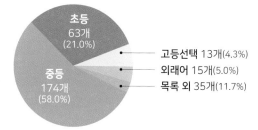

초등 63개 (21.0%)
고등선택 13개 (4.3%)
외래어 15개 (5.0%)
목록 외 35개 (11.7%)
중등 174개 (58.0%)

무료 다운로드
표제어와 예문이 녹음된 MP3 파일, 정답, 단어 테스트를 무료 다운로드 받으세요.
(PC, 모바일) www.darakwon.co.kr

차례

다락원 홈페이지 및 콜롬북스 APP에서
MP3 파일 다운로드 및 실시간 재생 서비스

어원 어휘 학습 전 초등 필수 기본 단어 체크는 필수!

초등 기본 단어 200

교육부 교육과정 선정 초등 필수 800단어 중

초등 영어 검정교과서 최다 수록 200단어 엄선!

기본 단어 200
완전 정복을 위해
Go Go~

뒤표지 안쪽에 있는 슈퍼히어로 가리개를 오려서 활용하세요!

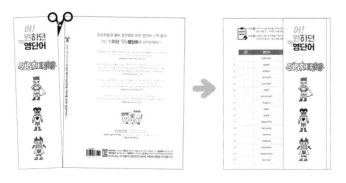

Step ✊ 먼저, 우리말 뜻 부분을 가려보세요.
영단어를 읽고 우리말 뜻을 말할 수 있으면 □에 체크하세요.

Step ✌ 먼저, 영단어 부분을 가려보세요.
우리말 뜻을 보고 영단어를 말할 수 있으면 ○에 체크하세요.

	☑	영단어	뜻	✔
1	☐	address	주소	○
2	☐	again	다시, 또	○
3	☐	always	항상	○
4	☐	animal	동물	○
5	☐	another	또 하나	○
6	☐	April	4월	○
7	☐	astronaut	우주 비행사	○
8	☐	August	8월	○
9	☐	bake	굽다	○
10	☐	bank	은행	○
11	☐	beautiful	아름다운	○
12	☐	because	왜냐하면	○
13	☐	behind	(위치가) 뒤에	○
14	☐	believe	믿다	○
15	☐	between	(위치가) 사이[중간]에	○
16	☐	bookstore	서점	○
17	☐	borrow	빌리다	○

	☑	영단어	뜻	✓
18	☐	break	깨다	◯
19	☐	breakfast	아침 식사	◯
20	☐	bridge	다리	◯
21	☐	bring	가져오다	◯
22	☐	broom	빗자루	◯
23	☐	brush	붓	◯
24	☐	busy	바쁜	◯
25	☐	buy	구입하다	◯
26	☐	calendar	달력	◯
27	☐	call	부르다, 칭하다	◯
28	☐	carry	나르다, 가지고 다니다	◯
29	☐	cheap	(값이) 싼	◯
30	☐	cheer	환호, 응원의 함성	◯
31	☐	chef	요리사	◯
32	☐	child	아이, 어린이	◯
33	☐	circle	원	◯
34	☐	cloth	옷감, 천	◯
35	☐	congratulate	축하하다	◯
36	☐	cousin	사촌	◯
37	☐	crosswalk	횡단보도	◯
38	☐	customer	손님, 고객	◯

	☑	영단어	뜻	✓
39	☐	dear	사랑하는, 소중한	◯
40	☐	December	12월	◯
41	☐	delicious	맛있는	◯
42	☐	dentist	치과의사	◯
43	☐	dinner	저녁 식사	◯
44	☐	doll	인형	◯
45	☐	draw	(그림을) 그리다, 끌어당기다	◯
46	☐	drink	마시다	◯
47	☐	during	~ 동안[내내]	◯
48	☐	early	초기의, 이른	◯
49	☐	earth	지구	◯
50	☐	eat	먹다	◯
51	☐	everyone	모든 사람	◯
52	☐	exam	시험, 검사	◯
53	☐	excuse	변명, 이유	◯
54	☐	fail	실패하다	◯
55	☐	family	가족	◯
56	☐	fasten	매다, 채우다	◯
57	☐	favorite	매우 좋아하는	◯
58	☐	February	2월	◯
59	☐	feed	밥[우유]을 먹이다	◯

	✅	영단어	뜻	✓
60	☐	fever	열, 열병	○
61	☐	field	들판	○
62	☐	find	찾다	○
63	☐	fix	고치다	○
64	☐	floor	바닥, 층	○
65	☐	forget	잊다	○
66	☐	front	앞면, 앞부분	○
67	☐	give	주다	○
68	☐	glove	장갑	○
69	☐	grade	학년, 등급	○
70	☐	graduate	졸업하다	○
71	☐	grandfather	할아버지	○
72	☐	grandmother	할머니	○
73	☑	great	대단한, 큰[많은]	○
74	☐	guess	추측하다	○
75	☐	habit	버릇, 습관	○
76	☐	handsome	멋진, 잘생긴	○
77	☐	headache	두통	○
78	☐	health	건강	○
79	☐	heavy	무거운	○
80	☐	history	역사	○

	✓	영단어	뜻	✓
81	☐	hold	쥐다, 잡다	○
82	☐	holiday	휴가, 공휴일	○
83	☐	homework	숙제, 과제	○
84	☐	hospital	병원	○
85	☐	however	그러나	○
86	☐	hundred	백, 100	○
87	☐	hurry	서두르다	○
88	☐	interest	관심, 흥미	○
89	☐	January	1월	○
90	☐	job	직업	○
91	☐	join	연결하다, 가입하다	○
92	☐	July	7월	○
93	☐	June	6월	○
94	☐	kitchen	부엌	○
95	☐	know	알다, 이해하다	○
96	☐	last	마지막의, 가장 최근의	○
97	☐	late	늦은	○
98	☐	learn	배우다	○
99	☐	letter	편지	○
100	☐	library	도서관	○
101	☐	listen	(귀 기울여) 듣다	○

	☑	영단어	뜻	✓
102	☐	lose	잃어버리다	○
103	☐	lunch	점심 식사	○
104	☐	make	만들다	○
105	☐	map	지도	○
106	☐	March	3월	○
107	☐	mathematics	수학	○
108	☐	matter	문제	○
109	☐	May	5월	○
110	☐	medicine	약물, 의학	○
111	☐	middle	중간, 가운데	○
112	☐	minute	(시간 단위의) 분	○
113	☐	mistake	실수	○
114	☐	month	(달력의) 월	○
115	☑	mountain	산	○
116	☐	move	움직이다	○
117	☐	museum	박물관	○
118	☐	near	가까운	○
119	☐	need	필요로 하다	○
120	☐	newspaper	신문	○
121	☐	next	다음[뒤·옆]의	○
122	☐	November	11월	○

	✅	영단어	뜻	✅
123		nurse	간호사	
124		October	10월	
125		office	사무실	
126		often	자주, 흔히	
127		old	나이 많은, 오래된	
128		onion	양파	
129		palace	궁전	
130		paper	종이	
131		people	사람들	
132		photograph	사진	
133		plane	비행기	
134		plant	식물, (나무 등을) 심다	
135		pool	웅덩이	
136		practice	연습[실습]하다	
137		problem	문제	
138		question	질문, 의문	
139		quiet	조용한	
140		rainbow	무지개	
141		read	읽다	
142		rest	휴식	
143		restaurant	식당	

		영단어	뜻	
144	☐	restroom	화장실	○
145	☐	ride	(말·자전거 등을) 타다	○
146	☐	river	강	○
147	☐	room	방	○
148	☐	salt	소금	○
149	☐	say	말하다	○
150	☐	science	과학	○
151	☐	seatbelt	안전벨트	○
152	☐	send	보내다	○
153	☐	September	9월	○
154	☐	ship	배, 선박	○
155	☐	sick	아픈, 병든	○
156	☐	sleep	(잠을) 자다	○
157	☐	snake	뱀	○
158	☐	sour	신, 시큼한	○
159	☐	spicy	양념 맛이 강한	○
160	☐	stairs	계단	○
161	☐	station	역	○
162	☐	stay	머무르다	○
163	☐	stomachache	위통, 복통	○
164	☐	store	가게, 상점	○

		영단어	뜻	
165	☐	straight	똑바로, 곧장	○
166	☐	strawberry	딸기	○
167	☐	strong	강한	○
168	☐	study	공부하다	○
169	☐	subject	주제, 과목	○
170	☐	talent	재주, 재능	○
171	☐	talk	말하다	○
172	☐	textbook	교과서	○
173	☐	than	(비교의) ~보다	○
174	☐	think	생각하다	○
175	☐	thousand	천, 1000	○
176	☐	tired	피곤한	○
177	☐	together	함께	○
178	☐	tomorrow	내일	○
179	☐	toothache	치통	○
180	☐	tradition	전통	○
181	☐	trash	쓰레기	○
182	☐	trip	여행	○
183	☐	try	노력하다	○
184	☐	umbrella	우산	○
185	☐	uncle	삼촌	○

	✓	영단어	뜻	✓
186	☐	vacation	방학	◯
187	☐	vegetable	채소	◯
188	☐	wait	기다리다	◯
189	☐	wall	담, 벽	◯
190	☐	want	원하다	◯
191	☐	warm	따뜻한	◯
192	☐	wash	씻다	◯
193	☐	weather	날씨	◯
194	☐	weekend	주말	◯
195	☐	work	일하다	◯
196	☐	worry	걱정하다	◯
197	☐	write	(글을) 쓰다	◯
198	☐	wrong	틀린, 잘못된	◯
199	☐	year	해[년·연]	◯
200	☐	yesterday	어제	◯

QR코드를 찍어 단어를 들으며
마지막으로 한 번 더 체크하세요.

어원으로 익히는 필수 영단어 300

초등 기본 200단어는 정복 완료~

그럼 이제 어원 어휘로 영단어 스펙트럼을 넓혀볼까요?

어원 어휘로
Jump!

up- 위로 / fore 이전(before), 앞(front)

up-
위로

힙합 가수들이 관객들의 호응을 유도하기 위해 '푸쳐핸접!'이라고 소리치는 걸 들어본 적이 있나요? 정확한 표현은 Put your hands up!으로 두 손을 위로(up) 들어 올리라는 의미예요. Stand up.((앉아 있다) 일어서라.), Get up.((누워 있다) 일어서라.) 등 up은 위쪽 방향을 나타내죠.

---

update [ʌpdéit][ʌ́pdèit]

up(위로) + **date**(날짜) ➔ 날짜를 가장 위로[최근으로] 바꾸다

통 업데이트하다, 최신식으로 하다 명 최신 정보, 갱신

She **updates** her posts every day on her social media.
그녀는 자신의 소셜 미디어에 매일 게시물을 업데이트한다.

I heard a news **update** just now.
나는 방금 최신 뉴스를 들었다.

업데이트하다 ➔ u p ☐ ☐ ☐ ☐

upgrade [ʎpgrèid]

up(위로) + grade(등급) → 등급을 한 단계 위로 올리다

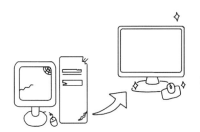

통 등급을 올리다, (기계·시스템 등을) 개선하다

I will **upgrade** my computer tomorrow.
나는 내일 내 컴퓨터를 업그레이드할 것이다.

You have to **upgrade** your skills first.
당신은 실력을 먼저 향상시켜야 한다.　　*skill: 기량, 기술

등급을 올리다 ➡

upside [ʎpsàid]

up(위로) + side(쪽, 측면) → (하락 곡선 중에서) 위쪽으로 올라온 부분

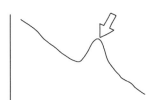

명 (나쁜 상황 중에서) 긍정적인 면, 위쪽

There's an **upside** to the story.
그 이야기에는 긍정적인 면도 있다.

Can you stand **upside**-down?
당신은 물구나무를 설 수 있나요?　　*upside-down: 거꾸로 (뒤집혀)

긍정적인 면 ➡

upset [ʎpsét]

up(위로) + set(놓다) → (아랫부분을) 위로 뒤집어 놓다

통 뒤엎다, (마음을) 뒤집어 놓다　형 기분이 상한

His letter **upset** me.
그의 편지가 나를 당황스럽게 했다.

I was so **upset** because my brother broke the toy.
남동생이 장난감을 망가트려서 나는 몹시 기분이 상했다.

뒤엎다 ➡

upright [ʎpràit]

up(위로) + right(정확한, 곧은) → 위로 바르게 서 있는

형 (자세가) 똑바른, 똑바로 세워 둔

Sit **upright**, please.
바른 자세로 앉아 주세요.

Keep the water bottle **upright**.
물병을 똑바로 세워 둬.

똑바른 ➡

fore

1. 이전(before) 2. 앞(front)

fore는 두 가지 의미를 가지고 있어요. 첫 번째로 시간을 나타낼 때에는 '이전 (ago, 과거)'을 의미해요. 그래서 <before + 사건>은 '사건이 일어나기 이전'을 나타내죠. 두 번째로 위치를 나타낼 때에는 '앞(front)'을 의미해요.

---

before [bifɔ́ːr]

be(있다) + fore(이전, 미리) → 미리 앞서서 있음

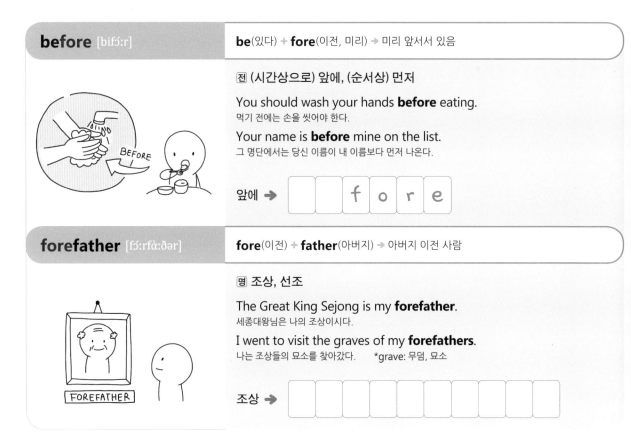

전 (시간상으로) 앞에, (순서상) 먼저

You should wash your hands **before** eating.
먹기 전에는 손을 씻어야 한다.

Your name is **before** mine on the list.
그 명단에서는 당신 이름이 내 이름보다 먼저 나온다.

앞에 ➜ | | | f | o | r | e |

---

forefather [fɔ́ːrfɑ̀ːðər]

fore(이전) + father(아버지) → 아버지 이전 사람

명 조상, 선조

The Great King Sejong is my **forefather**.
세종대왕님은 나의 조상이시다.

I went to visit the graves of my **forefathers**.
나는 조상들의 묘소를 찾아갔다.　*grave: 무덤, 묘소

조상 ➜ | | | | | | | | | | |

foresee [fɔːrsíː]

fore(이전, 미리) + **see**(보다) ➡ (미래의 일을) 미리 보다

동 예견하다, 미리 알다

We can't **foresee** the future.
우리는 미래의 일을 예견할 수 없다.

He has the power to **foresee** the future.
그는 미래를 예견하는 능력을 가지고 있다.   *power: 능력, 힘, 권력

예견하다 ➡ ☐☐☐☐☐☐☐

forecast [fɔ́ːrkæ̀st]

fore(이전, 미리) + **cast**(던지다) ➡ (미래의 일에 대해) 미리 (말을) 던지다

동 예상하다, 예보하다 명 예상, 예보

Rain is **forecast** for tomorrow.
내일은 비가 내릴 것으로 예상된다.

What is the **forecast** for the day?
오늘의 날씨 예보는 어떤가요?

예상하다 ➡ ☐☐☐☐☐☐☐☐

forever [fərévər]

fore(앞) + **ver**(= **ever** 항상, 계속) ➡ 눈앞에 항상 보이는 듯하게

부 영원히, 끊임없이

I'll like the singer **forever**!
나는 그 가수를 영원히 좋아할 거야!

I'll love you **forever**!
나는 당신을 영원히 사랑할 거예요!

영원히 ➡ ☐☐☐☐☐☐☐

forehead [fɔ́ːrhèd]

fore(앞) + **head**(머리) ➡ 머리 앞쪽에 있는 것 ➡ 이마

명 이마

He wiped his **forehead** with his hand.
그는 손으로 이마를 닦았다.   *wipe: 닦다

He has a high **forehead**.
그의 이마는 넓다.

이마 ➡ ☐☐☐☐☐☐☐☐

29

Fun Quiz

Activity **1** 다음 어원의 의미를 생각하며 단어를 완성한 후 단어와 관련된 그림과 뜻을 연결하세요.

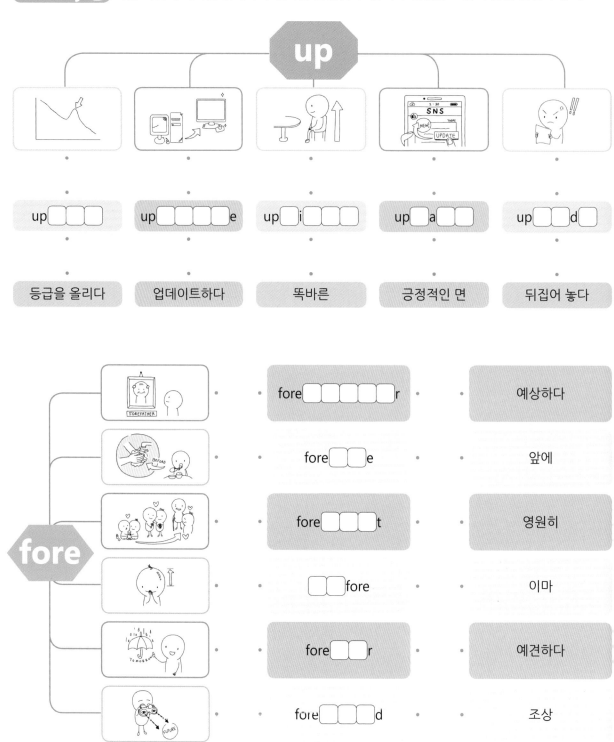

up

up☐☐☐   up☐☐☐☐e   up☐i☐☐☐   up☐a☐☐   up☐☐d☐

등급을 올리다   업데이트하다   똑바른   긍정적인 면   뒤집어 놓다

fore

fore☐☐☐☐☐r   예상하다

fore☐☐e   앞에

fore☐☐☐t   영원히

☐☐fore   이마

fore☐☐r   예견하다

fore☐☐☐d   조상

30

Activity ② 다음 문장의 빈칸에 알맞은 단어를 보기 에서 골라 적고, 퍼즐을 완성해 보세요.

보기 forecast   upset   update   forever   before   foresee

[가로]

❶ We can't _____ the future.

우리는 미래의 일을 예견할 수 없다.

❷ His letter _____ me.

그의 편지가 나를 당황스럽게 했다.

[세로]

❸ You should wash your hands _____ eating.

먹기 전에는 손을 씻어야 한다.

❹ I'll like the singer _____!

나는 그 가수를 영원히 좋아할 거야!

❺ I heard a news _____ just now.

나는 방금 최신 뉴스를 들었다.

❻ Rain is _____ for tomorrow.

내일은 비가 내릴 것으로 예상된다.

Activity ③ 다음 문장의 ☐ 에 알맞은 단어의 철자를 쓰고, 번호대로 철자를 적어 하나의 단어를 완성하세요.

1 He wiped his ☐☐☐☐☐**❻**☐☐☐ with his hand. 그는 손으로 이마를 닦았다.

2 The Great King Sejong is my ☐☐☐**❸**☐☐☐☐**❼**☐☐. 세종대왕님은 나의 조상이다.

3 I will ☐**❷**☐**❺**☐☐☐☐ my computer tomorrow. 나는 내일 내 컴퓨터를 업그레이드할 것이다.

4 There's an ☐☐☐☐**❹**☐☐ to the story. 그 이야기에는 긍정적인 면도 있다.

5 Sit ☐**❶**☐☐☐☐☐☐, please. 바른 자세로 앉아 주세요.

➡ **❶**☐ **❷**☐ **❸**☐ **❹**☐ **❺**☐ **❻**☐ **❼**☐ = ☐

31

pre-, pro- 앞(front), 이전(before), 미

PREVIEW

okay!

PROPOSE

pre-, pro-

1. 앞(front)
2. 이전(before), 미리

주말 저녁 각 채널에서 어떤 방송을 하는지 알아보기 위해 TV program을 살펴본 적 있죠? program은 pro(앞, 미리)와 gram(쓰다)이 결합된 단어로 방송이 시작하기 전에 사람들이 미리 볼 수 있도록 앞에 써 놓은 방송 편성표예요. pre 또한 pro와 동일하게 물리적인 위치상의 '앞(front)'이라는 의미와 시간상 '이전(before)'이라는 두 가지 의미를 가지고 있어요.

---

present [prézənt]

pre(앞) **+ sent**(= send 보내다) → (누군가의) 앞으로 보내다
→ (누군가에게) 선물을 보내다

형 출석해 있는, 현재의 명 선물

My mom is **present** for my concert.
엄마가 내 연주회를 보러 오셨다.

I want to get a smartphone for my birthday **present**.
난 생일 선물로 스마트폰을 받고 싶다.

출석해 있는 → | p | r | e | | | |

preview [príːvjùː]

pre(이전, 미리) + view(보다) → 미리 보다

명 미리 보기, 시사회 동 사전 검토[예습]하다

I went to the movie **preview** yesterday.
나는 어제 영화 시사회에 갔다.

From now on, I'll **preview** well.
이제부터 나는 예습을 잘 할 것이다.

미리 보기 ➡ ☐☐☐☐☐☐☐

previous [príːviəs]

pre(이전, 미리) + vi(길) + ous → 이미 지나간

형 이전의, 앞의

He broke the **previous** record.
그는 이전 기록을 깼다.

I can't go there because of a **previous** promise.
나는 선약이 있어서 그곳에 갈 수 없다.

이전의 ➡ ☐☐☐☐☐☐☐☐

prepare [pripéər]

pre(이전, 미리) + pare(준비하다) → 미리 준비하다

동 준비하다, 대비하다 명 preparation 준비, 대비

I **prepared** tomorrow's lessons.
나는 내일 수업을 준비했다.

I started to **prepare** my brunch.
나는 브런치[아침 겸 점심] 먹을 준비를 시작했다.

준비하다 ➡ ☐☐☐☐☐☐☐

predict [pridíkt]

pre(이전, 미리) + dict(말하다) → 미리 말하다

동 예측하다, 예언하다 명 prediction 예측, 예상

You can't **predict** the winning team.
당신은 이길 팀을 예측할 수 없다.

It is difficult to **predict** the weather nowadays.
요즘에는 날씨를 예측하기가 어렵다.   *nowadays: 요즘에는

예측하다 ➡ ☐☐☐☐☐☐☐

profit [práfit]

pro(앞) + fit(맞다) → (사업 등이) 앞으로 맞아 (나아가다)

명 (금전적인) 수익, 이익, 이윤

I split the **profit** with her.
나는 그녀와 수익을 나눠 가졌다. *split: (몫 등을) 나누다

He made a big **profit** this year.
그는 올해 큰 이익을 얻었다.

수익 ➡ | p | r | o | | | |

project [prádʒekt][prədʒékt]

pro(앞) + ject(던지다) → (앞으로의 계획을) 사람들 앞에 던지다
→ (빛을) 앞으로 던지다

명 계획, 연구 과제 동 계획하다, (모습·영상 등을) 영사하다

We are working together on a **project**.
우리는 연구 과제를 놓고 함께 일하고 있다.

Our teacher **projected** the image on a screen.
우리 선생님이 스크린에 그 영상을 띄웠다.

계획 ➡ | | | | | | | |

process [práses]

pro(앞) + cess(= go 가다) → 앞으로 나아가다

명 과정, 진행 동 가공[처리]하다

Do you know the **process** of making milk?
당신은 우유 제조 과정을 알고 있나요?

Processed food is bad for the body.
가공된 식품은 몸에 안 좋다.

과정 ➡ | | | | | | | |

protect [prətékt]

pro(앞) + tect(= cover 덮다) → 앞으로 (미리 나와) 덮다

동 보호하다, 막다, 지키다 명 protection 보호, 방지

I will **protect** my son.
나는 내 아들을 지킬 것이다.

People have to **protect** the environment.
사람들은 환경을 보호해야 한다. *environment: 환경

보호하다 ➡ | | | | | | | |

propose [prəpóuz]

pro(앞) + **pose**(놓다) → 앞에 (제안서를) 놓다
→ 앞에 (반지를) 놓다

[동] 제안하다, 청혼하다

I will **propose** a new plan at the meeting.
나는 모임에서 새 계획을 제안할 것이다.

He got down on one knee and **proposed** to his girlfriend.
그는 한쪽 무릎을 꿇고 여자 친구에게 청혼했다.

제안하다 ➡ ☐☐☐☐☐☐☐

promise [prάmis]

pro(앞) + **mise**(보내다) → 앞으로 (말을) 보내다

[동] 약속하다 [명] 약속

I **promise** to bring you a present.
당신에게 선물을 주겠다고 약속할게.

His **promise** was a big lie.
그의 약속은 새빨간 거짓말이었다.

약속하다 ➡ ☐☐☐☐☐☐☐

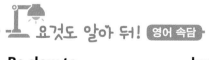

요것도 알아 둬! 영어 속담

Be slow to _____, but quick to perform.

약속은 느리게, 실행은 빨리 하라.   *perform: 수행하다, 공연하다

정답: promise

35

Fun Quiz

Activity 1 다음 어원의 의미를 생각하며 단어를 완성한 후 단어와 관련된 그림과 뜻을 연결하세요.

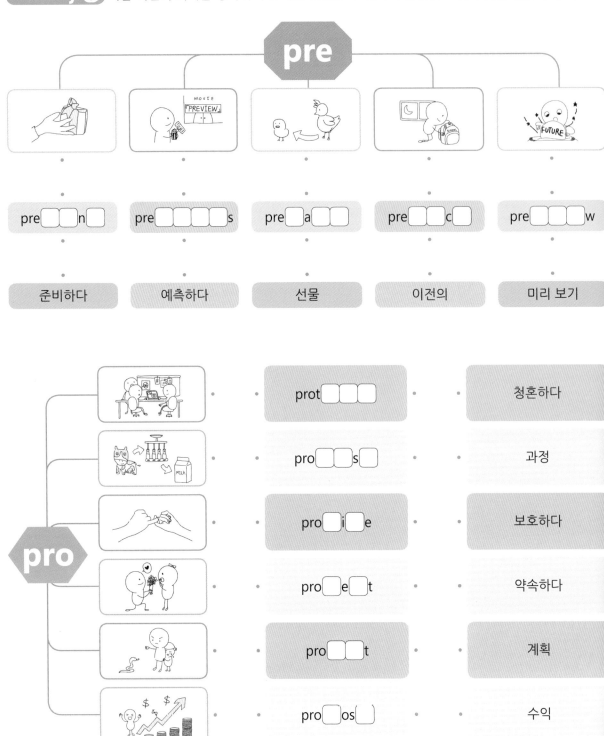

pre

pre□□n□   pre□□□□s   pre□a□□   pre□□c□   pre□□□w

준비하다   예측하다   선물   이전의   미리 보기

pro

prot□□□   청혼하다

pro□□s□   과정

pro□i□e   보호하다

pro□e□t   약속하다

pro□□t   계획

pro□os□   수익

Activity 2 다음 문장의 빈칸에 알맞은 단어를 **보기**에서 골라 적고, 단어를 찾아 표시하세요.

> **보기** prepare process promise present propose previous

1 He broke the _____ record.
그는 이전 기록을 깼다.

2 My mom is _____ for my concert.
엄마가 내 연주회를 보러 오셨다.

3 I _____d tomorrow's lessons.
나는 내일 수업을 준비했다.

4 Do you know the _____ of making milk?
당신은 우유 제조 과정을 알고 있나요?

5 He _____d to his girlfriend.
그는 여자 친구에게 청혼했다.

6 His _____ was a big lie.
그의 약속은 새빨간 거짓말이었다.

E	R	A	P	A	C	P	T	S	O
S	C	S	S	E	D	N	P	R	P
I	P	O	P	S	E	A	E	A	S
M	R	M	R	S	C	T	S	O	R
O	P	R	E	P	A	R	E	A	C
R	O	R	V	S	A	P	V	T	S
P	P	O	I	D	M	I	S	E	V
R	P	R	O	C	E	S	S	C	S
T	R	P	U	C	S	R	U	O	V
U	C	E	S	O	P	O	R	P	U

Activity 3 다음 철자를 알맞은 순서대로 배열하여 문장의 빈칸에 쓰세요.

rpeivew → I went to the movie _____ yesterday.
나는 어제 영화 시사회에 갔다.

fipotr → I split the _____ with her.
나는 그녀와 수익을 나눠 가졌다.

ictderp → You can't _____ the winning team.
당신은 이길 팀을 예측할 수 없다.

rptecjo → We are working together on a _____.
우리는 연구 과제를 놓고 함께 일하고 있다.

roecttp → People have to _____ the environment.
사람들은 환경을 보호해야 한다.

Unit 03 ex- 밖(out)

ex-
밖(out)

여수 엑스포(Expo)에 가본 적이 있나요? Expo는 ex(밖)와 put(놓다)이 결합된 exposition의 줄임말로 가지고 있는 물건들을 사람들이 구경할 수 있게 내놓는 전시회, 또는 박람회를 의미해요. 계단이나 복도에 있는 녹색 비상구도 밖으로 나가는 길을 안내하기 때문에 ex가 붙어서 exit가 되는 거예요.

exit [égzit]

ex(밖) + **it**(= **go** 가다) ➜ 밖으로 가다

명 출구 동 나가다

Where is the **exit**?
출구가 어디인가요?

He **exited** via a fire door.
그는 비상문을 통해 나갔다.   *via: (어떤 장소를) 경유하여 *fire door: 비상구, 방화문

출구 ➜ 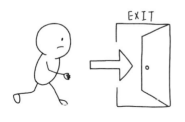 e x □ □

example [igzǽmpl]

ex(밖) + ample(잡다) ⇒ (남에게 보여주기 위해) 밖으로 끄집어낸 것

몡 예, 본보기

That may be a good **example** to other countries.
그것은 다른 나라들에게 좋은 본보기가 될 수도 있다.

Your courage is an **example** to us all.
당신의 용기는 우리 모두에게 모범이 된다.   *courage: 용기

예 ➡

exercise [éksərsàiz]

ex(밖) + er + cise(자르다) ⇒ (내면의 에너지를) 잘라서 밖으로 표출하다

몡 운동, 연습 **동** 운동[훈련]시키다, 운동[연습]하다

Running is good **exercise**.
달리기는 좋은 운동이다.

You should **exercise** three times a week.
당신은 일주일에 세 번 운동해야 합니다.

운동 ➡

express [iksprés]

ex(밖) + press(누르다) ⇒ (마음속 생각을) 밖으로 밀어내다
⇒ (기차를) 밖으로 밀어내다

동 표현하다, 나타내다 **몡** 급행열차, 고속버스 **몡** expression 표현, 표시

Expressing our love to our family is important.
가족에게 사랑을 표현하는 것이 중요하다.

The **express** started from Seoul on time.
급행열차는 정시에 서울을 출발했다.

표현하다 ➡

exceed [iksíːd]

ex(밖) + ceed(가다) ⇒ (제한된 범위) 밖으로 나가다, 초월하다

동 초과하다, 웃돌다 **몡** excess 초과

You must not **exceed** the speed limit.
제한 속도를 초과해서는 안 됩니다.

Do not **exceed** the dose.
1회 복용량을 초과하지 마세요.   *dose: 1회 복용량

초과하다 ➡

exact [igzǽkt]

ex(밖) + act(행동하다, 내보내다) → (완성해서) 밖으로 내보낸

[형] 정확한, 정밀한 [부] exactly 정확하게

What were her **exact** words?
그녀가 정확히 무슨 말을 했습니까?

What is the **exact** date they will arrive?
그들이 도착할 정확한 날짜가 언제입니까?   *arrive: 도착하다

정확한 →

exclude [iksklúːd]

ex(밖) + clude(= close 닫다) → 밖으로 보내고 (문을) 닫다

[동] 배제하다, 차단하다 [명] exclusion 배제, 제외

Try **excluding** fat from your diet.
당신의 식단에서 지방을 배제해 보세요.

They **excluded** me from the group.
그들은 나를 그룹에 끼워주지 않았다.

배제하다 →

expose [ikspóuz]

ex(밖) + pose(두다) → 밖에 두다

[동] 노출하다, 폭로하다 [명] exposition 전시, 진열

Don't **expose** your skin to the sun too much.
햇볕에 피부를 너무 많이 노출시키지 마세요.

She was **exposed** as a liar.
그녀는 거짓말쟁이임이 폭로되었다.

노출하다 →

extend [iksténd]

ex(밖) + tend(뻗다, 늘이다) → 밖으로 퍼져 나가다

[동] 확장하다, 연장하다, 넓어지다 [명] extent 넓이, 범위

I **extended** my cell phone contract.
나는 휴대폰 계약을 연장했다.   *contract: 계약(서)

The no-smoking area has been **extended**.
금연 구역이 확대되었다.

확장하디 →

expensive [ikspénsiv]	ex(밖) + pen(= penny 페니, 돈) + sive → (내가 가지고 있는) 돈의 범위 밖인

형 비싼, 고가의 반 cheap (값이) 싼

I can't afford it, it's too **expensive**.
나는 그것을 살 형편이 안 돼, 너무 비싸.　*afford: (시간적·금전적) 여유가 되다
Watermelons are very **cheap** in summer.
수박은 여름에 매우 싸다.

비싼 →

exchange [ikstʃéindʒ]	ex(밖) + change(바꾸다) → (물건을) 밖으로 꺼내서 바꾸다

동 교환하다, 맞바꾸다 명 교환, 주고받기, 환전

My friend and I **exchange** presents on Christmas.
친구와 나는 크리스마스에 선물을 주고받는다.
What's the current rate of **exchange**?
현재의 환율은 얼마입니까?　*rate: 비율

교환하다 →

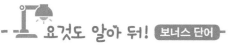 요것도 알아 둬! 보너스 단어

clude 닫다(= close, shut)

- **in**clude　　in(안) + clude(= close 닫다) → 동 포함하다
- **con**clude　　con(= com 완전히) + clude(= close 닫다) → 동 결론을 내리다

- **clos**et　　　clos(= close 닫다) + et(작은) → (사방이) 닫혀 있는 작은 것 → 명 벽장
- **dis**close　　dis(반대) + close(닫다) → '닫다'의 반대 → 열다 → 동 폭로하다

Fun Quiz

다음 어원의 의미를 생각하며 단어를 완성한 후 단어와 관련된 그림과 뜻을 연결하세요.

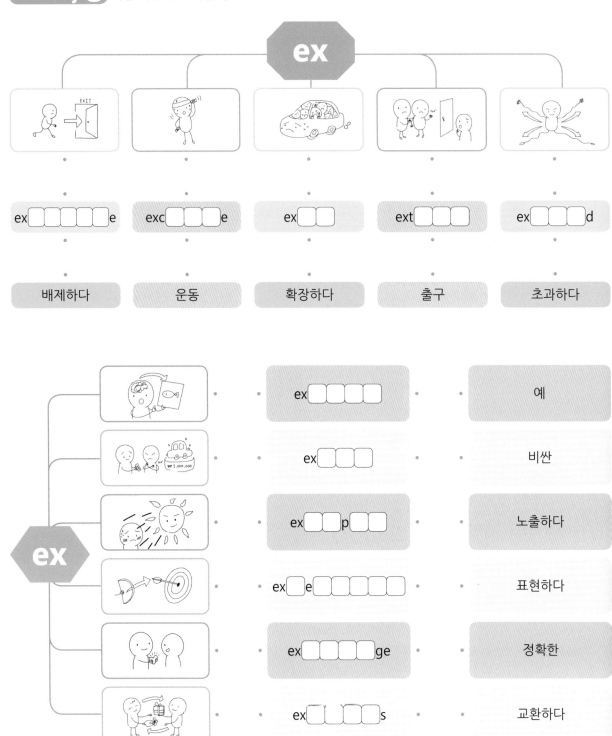

ex

ex◻◻◻◻e	exc◻◻◻e	ex◻◻	ext◻◻◻	ex◻◻◻d

배제하다	운동	확장하다	출구	초과하다

ex

ex◻◻◻◻	예
ex◻◻◻	비싼
ex◻◻p◻◻	노출하다
ex◻e◻◻◻◻◻◻	표현하다
ex◻◻◻◻ge	정확한
ex◻◻◻◻s	교환하다

Activity 2 다음 문장의 빈칸에 알맞은 단어를 보기 에서 골라 적고, 퍼즐을 완성해 보세요.

보기   example   exact   expose   exit   expensive   exchange

[가로]

❶ My friend and I _____ presents on Christmas.

친구와 나는 크리스마스에 선물을 주고받는다.

❷ What were her _____ words?

그녀가 정확히 무슨 말을 했습니까?

❸ Where is the _____?

출구가 어디인가요?

❹ Don't _____ your skin to the sun too much.

햇볕에 피부를 너무 많이 노출시키지 마세요.

[세로]

❺ I can't afford it, it's too _____.

나는 그것을 살 형편이 안 돼, 너무 비싸.

❻ That may be a good _____ to other countries.

그것은 다른 나라들에게 좋은 본보기가 될 수도 있다.

Activity 3 다음 문장의 ⬜에 알맞은 단어의 철자를 쓰고, 번호대로 철자를 적어 하나의 단어를 완성하세요.

1 Running is good ⬜❶⬜⬜⬜⬜⬜⬜. 달리기는 좋은 운동이다.

2 ⬜❷⬜⬜⬜⬜⬜ing our love to our family is important. 가족에게 사랑을 표현하는 것이 중요하다.

3 You must not ⬜⬜⬜❹⬜⬜ the speed limit. 제한 속도를 초과해서는 안 됩니다.

4 They ⬜⬜⬜⬜⬜❻⬜d me from the group. 그들은 나를 그룹에 끼워주지 않았다.

5 I ⬜⬜❸⬜❺⬜ed my cell phone contract. 나는 휴대폰 계약을 연장했다.

➡ ❶❷❸❹❺❻ = _____

un- 부정(not), 반대

un-

1. 부정(not) 2. 반대

믿기 힘들 만큼 깜짝 놀랄 일을 겪었을 때 외국인들이 Oh my god!과 함께 가장 많이 외치는 표현 중 하나는 Unbelievable!이에요. 이 단어는 '믿을 수 있는'이라는 뜻의 believable에 부정의 의미를 담고 있는 un이 붙어서 '믿을 수 없는'이라는 뜻을 나타내요. 즉, un은 무엇인가를 부정하거나 반대하는 의미를 담고 있죠.

---

unhappy [ʌnhǽpi]	**un**(부정) + **happy**(행복한) ➔ 행복하지 않은

형 불행한, 불우한   반 happy 행복한

I had a very **unhappy** childhood.
나는 매우 불행한 어린 시절을 보냈다.   *childhood: 어린 시절

I wish you a **Happy** New Year.
새해 복 많이 받으세요.

불행한 ➔ | u | n | | | | |

QR코드를 찍어 봐~

unkind [ʌnkáind]

un(부정) + kind(친절한) → 친절하지 않은

형 불친절한, 인정 없는　반 kind 친절한

You are very **unkind** to do that.
그런 짓을 하다니 당신은 너무 인정이 없군요.

It is very **kind** of you to lend me the pen.
펜을 빌려주시다니 대단히 친절하시군요[감사합니다].

불친절한 ➡ ☐☐☐☐☐☐

uneasy [ʌníːzi]

un(부정) + easy(쉬운, 편안한) → 편안하지 않은

형 불안한, 불편한　반 easy 쉬운, 편안한

She felt **uneasy**.
그녀는 불안해했다.

Swimming is an **easy** exercise for me.
수영은 나에게 쉬운 운동이다.

불안한 ➡ ☐☐☐☐☐

unclear [ʌnklíər]

un(부정) + clear(명확한, 확실한) → 명확하지 않은

형 불명확한, 확실하지 않은　반 clear 분명한

Her answer was **unclear**.
그녀의 대답은 불명확했다.

You must do this. Is that **clear**?
당신은 이것을 해야 합니다. 알겠어요?

불명확한 ➡ ☐☐☐☐☐☐☐

unlucky [ʌnlʌ́ki]

un(부정) + lucky(행운의) → 행운을 부정하는

형 불운한, 불행한　반 lucky 운이 좋은

Four is an **unlucky** number.
4는 불길한 숫자다.

It's my **lucky** day!
오늘 운수 대통이다!

불운한 ➡ ☐☐☐☐☐☐

unnatural [ʌnnǽtʃərəl]

un(부정) + **natural**(자연의, 자연스러운) → 자연스럽지 않은

형 부자연스러운 반 natural 자연의, 자연스러운

It is **unnatural**.
그건 부자연스럽다.

Is Jane a **natural** blonde?
제인은 원래 금발인가요?   *blonde: 금발 머리 여자

부자연스러운 ➡ [ ][ ][ ][ ][ ][ ][ ][ ]

uncertain [ʌnsə́ːrtn]

un(부정) + **certain**(확실한) → 확실하지 않은

형 불확실한, 불투명한 반 certain 확실한

His answer was **uncertain**.
그의 대답은 불확실했다.

Are you **certain** about this?
당신은 이것에 대해 확신하세요?

불확실한 ➡ [ ][ ][ ][ ][ ][ ][ ][ ]

unusual [ʌnjúːʒuəl]

un(부정) + **usual**(평소의) → 평소와 같지 않은

형 특이한, 유별난 반 usual 평소의, 일반적인

He has an **unusual** name.
그는 특이한 이름을 가지고 있다.(그의 이름은 특이하다.)

My mother came home later than **usual**.
어머니가 평상시보다 더 늦게 귀가하셨다.

특이한 ➡ [ ][ ][ ][ ][ ][ ][ ]

uncommon [ʌnkάmən]

un(부정) + **common**(보통의, 흔한) → 흔하지 않은

형 드문, 흔치 않은 반 common 흔한

Large families are **uncommon** in Korea these days.
요즘 한국에서 대가족은 흔하지가 않다.

"Minsu" is a very **common** name.
'민수'는 아주 흔한 이름이다.

드문 ➡ [ ][ ][ ][ ][ ][ ][ ]

unlock [ʌnlάk]

un(반대) + **lock**(잠그다) → '잠그다'의 반대 의미

(통) (열쇠로 문·상자 등을) 열다 (반) lock 잠그다

Enter the password to **unlock** the door.
이 문을 열기 위해 암호를 입력하세요. *enter: 입력하다, 들어가다 *password: 암호

I forgot to **lock** the door.
나는 문 잠그는 것을 잊어버렸다.

열다 ➡ ☐ ☐ ☐ ☐ ☐ ☐

Your most unhappy customers are your greatest source of learning. - Bill Gates -
가장 불만에 가득 찬 고객들이 가장 훌륭한 배움의 원천이다. *customer: 손님, 고객 *source: 원천, 근원

_____ come, _____ go.
쉽게 얻은 것은 쉽게 잃는다.

정답: Easy, easy

47

Activity ① 다음 어원의 의미를 생각하며 단어를 완성한 후 단어와 관련된 그림과 뜻을 연결하세요.

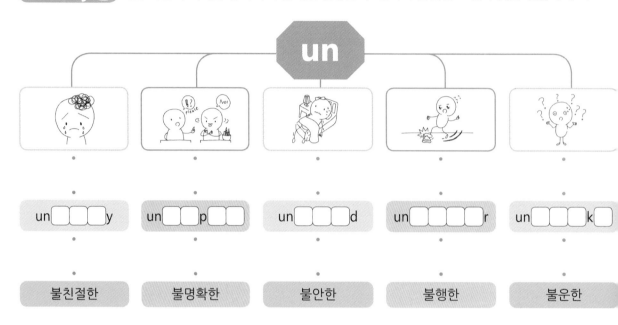

un□□□y   un□□p□□   un□□□d   un□□□□r   un□□□k□

불친절한   불명확한   불안한   불행한   불운한

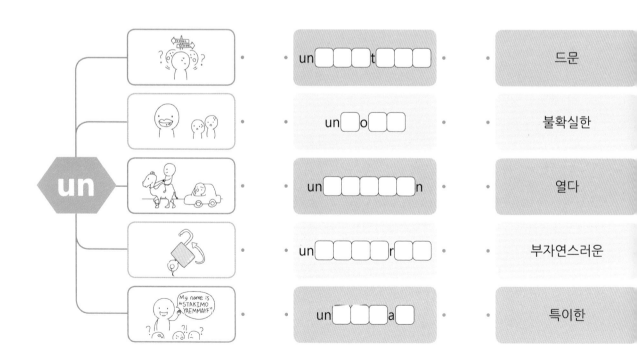

un□□□t□□□ · · 드문

un□□o□□ · · 불확실한

un□□□□□n · · 열다

un□□□□□r□□ · 부자연스러운

un□□□a□ · · 특이한

다음 문장의 빈칸에 알맞은 단어를 **보기** 에서 골라 적고, 단어를 찾아 표시하세요.

보기   unkind   unlucky   uneasy   unclear   unhappy

1 I had a very _____ childhood.

   나는 매우 불행한 어린 시절을 보냈다.

2 You are very _____ to do that.

   그런 짓을 하다니 당신은 너무 인정이 없군요.

3 She felt _____.

   그녀는 불안해했다.

4 Her answer was _____.

   그녀의 대답은 불명확했다.

5 Four is an _____ number.

   4는 불길한 숫자다.

E	A	S	Y	C	H	A	U	P	Y
U	R	L	C	N	U	U	D	I	R
N	U	N	E	A	N	Y	H	C	A
L	P	P	Y	H	E	N	U	R	D
U	N	E	A	S	A	Y	P	C	N
C	K	P	Y	N	S	D	E	H	I
K	P	N	I	D	Y	U	E	A	K
Y	R	I	N	R	E	A	U	N	N
R	A	E	L	C	N	U	R	U	U
U	N	C	H	P	P	Y	U	R	I

다음 철자를 알맞은 순서대로 배열하여 문장의 빈칸에 쓰세요.

1 **inucertan** ➡ His answer was _____.

   그의 대답은 불확실했다.

2 **nlunartua** ➡ It is _____.

   그건 부자연스럽다.

3 **uunaslu** ➡ He has an _____ name.

   그는 특이한 이름을 가지고 있다.(그의 이름은 특이하다.)

4 **nmncoumo** ➡ Large families are _____ in Korea these days.

   요즘 한국에서 대가족은 흔하지가 않다.

5 **kuncol** ➡ Enter the password to _____ the door.

   이 문을 열기 위해 암호를 입력하세요.

Unit 05

in- 안에, 안으로

in-
안에, 안으로

여행지의 호텔에 도착했을 때 가장 먼저 해야 할 일은 바로 체크인(check in)이죠. 이 표현은 누구인지 확인(check)한 후에 호텔방 안(in)으로 들어간다는 의미를 나타내요. in은 밖에서 안으로 이동해서 안에 머물러 있는 상태를 나타내죠. 어원 in은 im으로 변형되기도 해요.

---

inside [ínsàid][ìnsáid]

in(안) + **side**(쪽, 측면) ➔ 안쪽

몡 안쪽, 내부 젠 ~의 안에 받 outside 바깥쪽, 외부, 밖에

You turned your socks **inside** out.
너 양말을 뒤집어 신었구나.   *inside out: (안팎을) 뒤집어

I heard a strange sound from **outside** just before.
나는 방금 전에 바깥쪽에서 나는 이상한 소리를 들었어.   *strange: 이상한

안쪽 ➔ | i | n | | | |

into [íntu]

in(안) + to(~(쪽)으로) → 안으로

전 ~의 안으로[안에]

She walked **into** the room.
그녀는 방으로 들어갔다.

He is always **into** other people's business.
그는 항상 다른 사람들 일에 간섭하길 좋아한다.　*be into: ~에 관심이 많다

~의 안으로 ➡ ☐☐☐☐

invite [inváit]

in(안) + vit(만나다) + e → (누군가를) 만나기 위해 안으로 부르다
➡ (무엇을 얻기 위해 다른 사람의 집) 안으로 들어가서 만나다

동 초대하다, 요청하다　명 invitation 초대

I'd like to **invite** you to my birthday party.
당신을 내 생일파티에 초대하고 싶어요.

He **invited** me for contributions.
그는 나에게 기부를 요청했다.　*contribution: 기부(금)

초대하다 ➡ ☐☐☐☐☐☐

introduce [ìntrədjúːs]

in(안) + tro(= to ~으로) + duce(이끌다) → (사람·사물을) 안으로 이끌다

동 소개하다, 도입하다, 선보이다　명 introduction 도입, 소개

Let me **introduce** Mr. Parker to you.
파커 씨를 당신에게 소개합니다.

He **introduced** a new product to the market.
그는 신제품을 시장에 선보였다.

소개하다 ➡ ☐☐☐☐☐☐☐☐☐

inform [infɔ́ːrm]

in(안) + form(형태, 형식) → (정보를 알리기 위해) 문서 형식 안에 넣다

My decision is …

동 알리다, 통지하다　명 information 정보, 자료

She **informed** me of her test score.
그녀는 내게 그녀의 시험 점수를 알려주었다.

He **informed** me of his decision.
그는 자신의 결정을 나에게 알려주었다.

알리다 ➡ ☐☐☐☐☐☐

input [ínpùt]

in(안) + put(놓다) ➡ (자본·정보 등을) 안에 놓다

명 입력, 투입, 조언 **동** 입력하다

Your **input** was very helpful.
당신의 조언은 아주 유용했습니다.

Please **input** the new data into the computer.
새로운 자료를 컴퓨터에 입력해 주세요.

입력 ➡

include [inklú:d]

in(안) + clude(= close 닫다) ➡ 안에 넣고 (문을) 닫다

동 포함하다 **반** exclude 배제하다

Does the price **include** tax?
그 가격에 세금이 포함되어 있나요?   *tax: 세금

Buses run every day, Mondays **excluded**.
월요일을 제외하고 버스는 매일 운행한다.

포함하다 ➡

involve [inválv]

in(안) + volve(돌다) ➡ (사건이나 일) 안에서 돌다

동 (사건·범죄 등에) 말려들게 하다, 끌어넣다

Don't **involve** him in that matter.
그 일에 그를 끌어들이지 마세요.

It doesn't **involve** you.
그것은 당신과 관련 없는 일입니다.

말려들게 하다 ➡

income [ínkʌm]

in(안) + come(들어오다) ➡ (통장) 안으로 들어오는 것

명 수입, 소득

He has an **income** of $500 a month.
그는 월 500달러의 수입이 있다.

Many families these days have two **incomes**.
요즘 맞벌이 가정이 많다.

수입 ➡

important [impɔ́ːrtənt]	**im**(= **in** 안) + **port**(항구, 운반하다) + **ant** → (중요한 물건을) 항구 안으로 운반하는

형 **중요한**

Health is the most **important**.
건강이 가장 중요하다.

The matter is **important** to me.
그 문제는 나에게 중요하다.

중요한 → | i | m | | | | | | | |

요것도 알아 둬! 영어 속담, 보너스 단어

Out of the frying pan _____ the fire.

프라이팬에서 불 속으로 들어가다. (설상가상이다.)

정답: into

수입, 급여

- **pay** '급여[보수]'를 나타내는 일반적인 말
- **income** 사람이 의지할 수 있는 정기적으로 들어오는 수입
- **wage** 공장 등에서 일을 하는 근로자들이 받는 주 단위의 급여
- **salary** 사무실에서 일하는 근로자나 의사 같은 전문직 종사자들이 매월 받는 급여

Fun Quiz

Activity 1 다음 어원의 의미를 생각하며 단어를 완성한 후 단어와 관련된 그림과 뜻을 연결하세요.

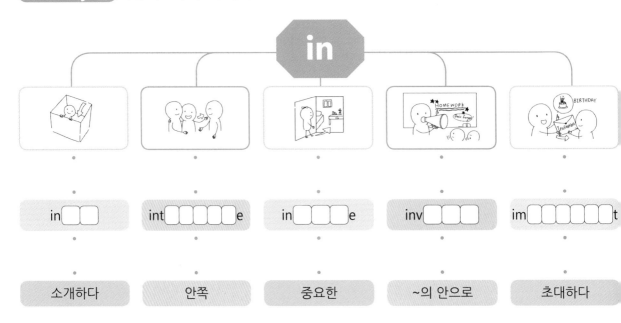

in

in☐☐   int☐☐☐☐e   in☐☐e   inv☐☐☐   im☐☐☐☐☐☐t

소개하다   안쪽   중요한   ~의 안으로   초대하다

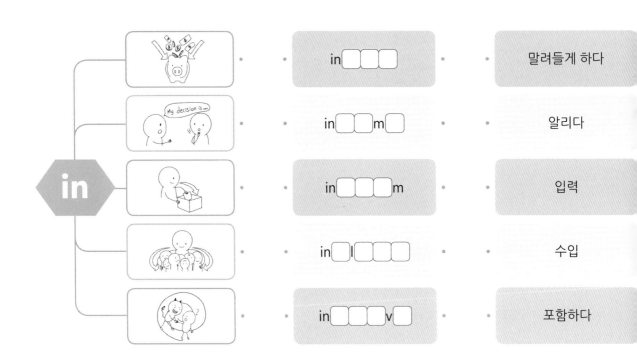

in

in☐☐☐   말려들게 하다

in☐☐m☐   알리다

in☐☐☐m   입력

in☐l☐☐☐   수입

in☐☐☐v☐   포함하다

Activity 2 다음 문장의 빈칸에 알맞은 단어를 **보기** 에서 골라 적고, 퍼즐을 완성해 보세요.

보기　　inside　　input　　important　　introduce　　income

[가로]

❶ Health is the most _____.

　　건강이 가장 중요하다.

❷ You turned your socks _____ out.

　　너 양말을 뒤집어 신었구나.

❸ He has an _____ of $500 a month.

　　그는 월 500달러의 수입이 있다.

[세로]

❹ Your _____ was very helpful.

　　당신의 조언은 아주 유용했습니다.

❺ Let me _____ Mr. Parker to you.

　　파커 씨를 당신에게 소개합니다.

Activity 3 다음 문장의 ☐에 알맞은 단어의 철자를 쓰고, 번호대로 철자를 적어 하나의 단어를 완성하세요.

1 She walked ☐☐☐☐ the room. 그녀는 방으로 들어갔다.

2 I'd like to ☐☐☐☐☐☐ you to my birthday party. 당신을 내 생일파티에 초대하고 싶어요.

3 She ☐☐☐☐☐ed me of her test score. 그녀는 내게 그녀의 시험 점수를 알려주었다.

4 Don't ☐☐☐☐☐☐ him in that matter. 그 일에 그를 끌어들이지 마세요.

5 Does the price ☐☐☐☐☐☐ tax? 그 가격에 세금이 포함되어 있나요?

➡ ☐☐☐☐☐☐☐ = ☐

Unit 06 in- 부정(not) / anti- 반대, 대항

in-
부정(not)

in의 두 번째 의미는 '부정(not)'이에요. 8월 15일 광복절은 우리나라가 일본으로부터 독립한 날인데요. 독립은 '의존'이라는 뜻을 가지고 있는 dependence에 부정의 의미인 in을 붙여 independence로 표현해요. 따라서 광복절을 영어로 표현하면 Independence Day of Korea가 된다는 것을 모두 기억하세요.

---

indifferent [indífərənt]

in(부정) + different(다른) → 다르지 않은 → 비슷비슷해서 두드러지지 않는

형 무관심한, 개의치 않는 반 different 다른

I'm **indifferent** to fashion.
나는 패션에 대해 무관심하다.

My brother and sister are really **different.**
우리 형과 누나는 정말 다르다.

무관심한 → | i | n | | | | | | | | |

informal [infɔ́:rməl]

in(부정) + formal(공식의) → 공식적이지 않은

FORMAL → INFORMAL

[형] 비공식의, 격식 차리지 않는 [반] formal 공식의

I wear an **informal** blue suit every day.
나는 매일 편안한 파란색 정장을 입는다.

He made a **formal** apology.
그는 공식적으로 사과했다.　　*apology: 사과

비공식의 ➡ ☐☐☐☐☐☐☐☐

invisible [invízəbl]

in(부정) + vis(보다) + ible(= able 할 수 있는) → 눈으로 볼 수 없는

[형] 눈에 보이지 않는 [반] visible 눈에 보이는

He felt **invisible** in the crowd.
그는 군중 속에서 자신이 보이지 않는 존재가 된 기분이었다.　　*crowd: 군중

A rainbow has seven **visible** colors.
무지개는 7개의 눈에 보이는 색을 가지고 있다.

눈에 보이지 않는 ➡ ☐☐☐☐☐☐☐☐☐

independent [ìndipéndənt]

in(부정) + depend(의존하다) + ent → 의존하지 않는

[형] 독립한, 자립적인 [반] dependent 의존적인

He's a very **independent**-minded man.
그는 대단히 자립심이 강한 남자이다.

You can't be **dependent** on your parents forever.
당신은 영원히 부모님께 의지할 수는 없어요.

독립한 ➡ ☐☐☐☐☐☐☐☐☐☐☐

injustice [indʒʌ́stis]

in(부정) + just(정당한) + ice → 정당하지 않은 것

STOP!

[명] 부당, 불법, 부정 [반] justice 정의, 공정

I felt angry at the **injustice** of the situation.
나는 그 상황의 부당함에 화가 났다.

God is on the side of **justice**.
신은 정의의 편이다.

부당 ➡ ☐☐☐☐☐☐☐☐☐

impossible [impάsəbl]	**im**(= **in** 부정) + **possible**(가능한) ➜ 가능성을 부정하는

형 불가능한 반 possible 가능한

It's **impossible** for me to be there before five.
내가 5시 전에 거기 가는 것은 불가능하다.

Is it **possible** to stay three more days?
3일 더 머물 수 있을까요?

불가능한 ➜ | i | m | | | | | | | |

anti-

반대, 대항

안티팬(anti-fan)이라는 말을 한 번쯤은 들어보았을 거예요. 별다른 이유 없이 특정 연예인이나 운동선수를 미워하는 사람을 뜻하는 단어인데요. anti는 무엇에 대해 '반대(opposite)한다'는 의미를 담고 있어요. 또, '반대'와 비슷한 '대항'이라는 의미도 있고 경우에 따라 ant로 변형되기도 해요.

anti-fan [ǽnti-fæn]

anti(반대) + fan(팬) → 팬과 반대인

명 안티팬(단점을 찾아서 비난하는 팬)

He has no **anti-fans**.
그는 안티팬이 없다.

What do you think of **anti-fans**?
안티팬들에 대해 어떻게 생각하십니까?

안티팬 → | a | n | t | i | - | | | |

antisocial [ǽntisóuʃəl]

anti(반대) + social(사회적인) → 사회적인 것과 반대인

형 반사회적인, 비사교적인 반 social 사회적인, 사교적인

He is friendly, but his wife is **antisocial**.
그는 호의적이지만, 그의 아내는 비사교적이다.

Man is a **social** animal.
사람은 사회적 동물이다.

반사회적인 → | | | | | | | | | | |

antibody [ǽntibὰdi]

anti(대항) + body(몸) → 몸에 있는 병균에 대항하는

명 항체

Antibodies fight off sickness.
항체는 질병을 싸워 물리친다.   *sickness: 병

He discovered an anti-age **antibody**.
그는 노화 방지 항체를 발견했다.   *discover: 발견하다

항체 → | | | | | | | | |

Antarctic [æntάːrktik]

ant(= anti 반대) + arctic(북극의) → 북극과 반대인

형 남극(지방)의 명 the Antarctic 남극 반 Arctic 북극의, the Arctic 북극

The **Antarctic** is cold.
남극은 춥다.

The **Arctic** ice is melting.
북극의 얼음이 녹고 있다.

남극의 → | A | n | t | | | | | | |

Activity ❶ 다음 어원의 의미를 생각하며 단어를 완성한 후 단어와 관련된 그림과 뜻을 연결하세요.

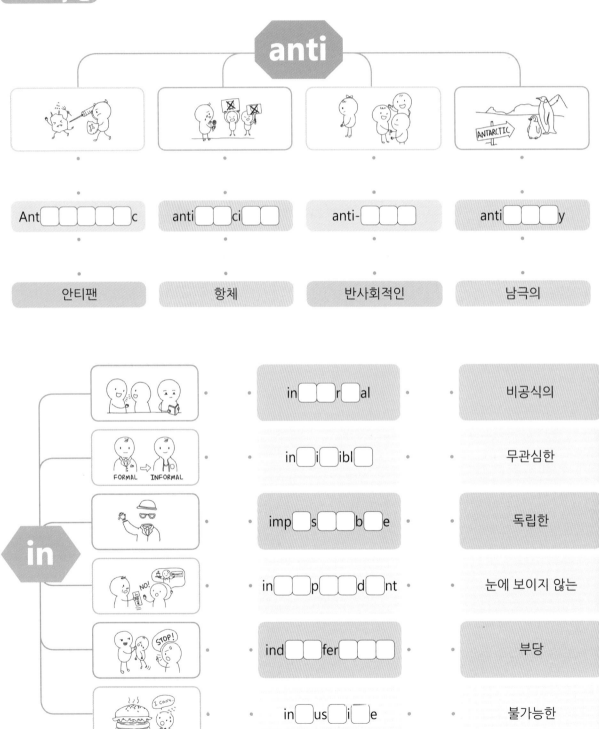

anti

Ant□□□□□c

anti□□ci□□

anti-□□□

anti□□□y

안티팬

항체

반사회적인

남극의

in

in□□r□al

비공식의

in□i□ibl□

무관심한

imp□s□□b□e

독립한

in□□p□□d□nt

눈에 보이지 않는

ind□□fer□□□

부당

in□us□i□e

불가능한

Activity 2 다음 문장의 빈칸에 알맞은 단어를 보기 에서 골라 적고, 단어를 찾아 표시하세요.

보기 independent   impossible   informal   invisible   indifferent   injustice

1 I'm _____ to fashion.

나는 패션에 대해 무관심하다.

2 I wear an _____ blue suit every day.

나는 매일 편안한 파란색 정장을 입는다.

3 He felt _____ in the crowd.

그는 군중 속에서 자신이 보이지 않는 존재가 된 기분이었다.

4 He's a very _____-minded man.

그는 대단히 자립심이 강한 남자이다.

5 I felt angry at the _____ of the situation.

나는 그 상황의 부당함에 화가 났다.

6 It's _____ for me to be there before five.

내가 5시 전에 거기 가는 것은 불가능하다.

N	I	M	P	O	S	S	I	B	L	E	L
S	D	C	I	S	M	L	N	S	M	E	T
E	D	N	E	F	R	T	D	N	U	R	O
B	I	C	R	V	O	S	I	E	I	C	E
E	N	F	M	A	L	M	F	N	O	R	T
F	D	P	E	S	O	R	F	J	E	M	L
M	E	U	J	B	V	O	E	I	L	S	I
L	P	R	S	L	R	C	R	E	B	P	M
P	E	O	B	M	L	O	E	T	I	L	B
I	N	S	A	L	M	R	N	F	S	A	S
D	D	L	I	M	F	S	T	B	I	E	N
M	E	J	B	O	I	M	S	I	V	N	T
S	N	U	S	T	I	C	E	V	N	S	L
B	T	O	R	E	T	S	I	D	I	F	D
E	S	R	I	N	J	U	S	T	I	C	E

Activity 3 다음 철자를 알맞은 순서대로 배열하여 문장의 빈칸에 쓰세요.

1 **nasoalciti** ➡ He is friendly, but his wife is _____.

그는 호의적이지만, 그의 아내는 비사교적이다.

2 **yobdiant** ➡ He discovered an anti-age _____.

그는 노화 방지 항체를 발견했다.

3 **tafanin** ➡ He has no _____s.

그는 안티팬이 없다.

4 **icartanct** ➡ The _____ is cold.

남극은 춥다.

re- 뒤로(back), 다시, 계속(again)

re-

**뒤로(back), 다시,
계속(again)**

운전자가 차를 후진할 때 기어의 위치를 R로 옮기는 걸 본 적 있나요? R은 reverse의 약자인데요. reverse는 re(뒤로)와 verse(돌다)가 결합된 단어로 '바꾸다', '후진하다'라는 의미예요. 즉, re에는 '뒤로 간다'는 의미가 있는데요. 마트 판매대에 줄을 서서 물건을 구매한 후 뒤로 되돌아가 또 줄을 서면 다시 물건을 구매할 수 있는 것처럼, re는 '뒤로' 되돌아간다는 의미와 함께 '다시', '계속'의 의미도 포함해요.

---

return [rɪtə́ːrn] | **re**(뒤로) + **turn**(돌다) ➡ 뒤로 돌아오다

동 돌아오다[가다], 돌려주다, 반납하다 명 돌아옴, 반납

I waited a long time for her to **return**.
나는 그녀가 돌아오기를 오랜 시간 기다렸다.

We would appreciate the **return** of your overdue books to the library.
도서관에 연체된 책들을 반납해주시면 감사하겠습니다.

*appreciate: 고미워하다 *overdue: 기한이 지난, 늦어진

돌아오다 ➡ | r | e | | | | |

remember [rimémbər]

re(다시) + mem(= memory 기억) + ber → 다시 기억하다

图 기억하다

He couldn't **remember** my address.
그는 내 주소를 기억하지 못했다.

Do you **remember** me?
나를 기억하나요?

기억하다 ➜ ☐☐☐☐☐☐☐☐

renew [rinjúː]

re(다시) + new(새로운) → 다시 새롭게 하다

图 다시 시작하다, 갱신하다

The two countries **renewed** the peace talks.
두 나라가 평화 회담을 다시 시작했다.   *talks: 회담

You have to **renew** your library card.
당신은 도서관 회원증을 갱신해야 합니다.

다시 시작하다 ➜ ☐☐☐☐☐

reset [riːsét]

re(다시) + set(놓다) → 다시 놓다

图 다시 (고쳐·맞추어) 놓다, 재설정하다

I need to **reset** my watch to the local time.
내 시계를 현지 시간으로 다시 맞추어야 한다.   *local: 지역의

He didn't **reset** the password.
그는 암호를 재설정하지 않았다.

다시 놓다 ➜ ☐☐☐☐☐

rehearsal [rihə́ːrsəl]

re(다시) + hear(듣다) + sal → (본 공연을 위해) 다시 듣는 것

图 (공연 등의) 예행연습, 리허설

When do you want to have a **rehearsal**?
당신은 예행연습을 언제 하길 원하나요?

Don't worry. It was only a **rehearsal**.
걱정하지 말아요. 단지 리허설이었어요.

예행연습 ➜ ☐☐☐☐☐☐☐☐☐

reform [rifɔ́:rm]

re(다시) + **form**(모양, 형태) → 다시 형태를 (갖추다)

명 개선, 개혁, 개량 통 개선하다, 개혁하다

She is pushing for education **reform**.
그녀는 교육 개혁을 추진하고 있다.　　*push for: 추진하다
Our school rules need to be **reformed**.
우리 학교의 규칙은 개선이 필요하다.

개선 ➡ ⬜⬜⬜⬜⬜⬜

replace [ripléis]

re(다시) + **place**(장소, 놓다) → 다시 (다른 것으로) 놓다

통 대체하다, 교체하다 명 replacement 대체, 교체

E-books cannot **replace** textbooks.
전자책이 교과서를 대체할 수는 없다.
I will **replace** the roof.
나는 지붕을 교체할 것이다.

대체하다 ➡ ⬜⬜⬜⬜⬜⬜⬜

recycle [ri:sáikl]

re(다시) + **cycle**(순환, 주기) → (썼던 물건을) 다시 순환시키다

통 재활용하다

We should **recycle** waste paper.
우리는 폐지를 재활용해야 한다.　　*waste paper: 폐지
If we **recycle** paper, we can save a lot of trees.
우리가 종이를 재활용한다면, 나무를 많이 아낄 수 있다.

재활용하다 ➡ ⬜⬜⬜⬜⬜⬜⬜

remind [rimáind]

re(다시) + **mind**(마음, 생각) → 다시 생각나게 하다

통 상기시키다, 생각나게 하다

Remind me to write my brother tomorrow.
내일 남동생에게 편지를 쓰라고 나한테 다시 한 번 알려줘.
You **remind** me of my sister.
너를 보니 내 누나가 생각난다.

상기시키다 ➡ ⬜⬜⬜⬜⬜⬜

remove [rimú:v]

re(다시, 뒤로) + move(옮기다, 움직이다) → (안 보이는 쪽으로) 다시 옮기다

동 제거하다, 없애다, 옮기다

You have to **remove** dust from your clothes.
당신은 옷에서 먼지를 제거해야 합니다.　*dust: 먼지

Remove the skin of the peach before eating it.
복숭아를 먹기 전에 껍질을 깎아라.　*skin: (사람의) 피부, (과일의) 껍질

제거하다 ➡ ☐☐☐☐☐☐

recover [rikʌ́vər]

re(계속) + cover(덮다) → (상처 난 곳을) 계속 덮다

동 (건강 등을) 회복하다, (잃어버린 물건을) 되찾다
명 recovery 회복, 복구, 회수

He is **recovering** from his illness.
그는 병에서 회복 중이다.

He **recovered** the data.
그는 그 자료를 복구했다.

회복하다 ➡ ☐☐☐☐☐☐☐

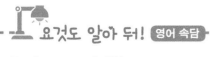 요것도 알아 둬! 영어 속담

Patience and diligence _____ mountains.

인내와 근면은 산을 옮긴다.　　*patience: 인내 *diligence: 근면

정답: remove

Fun Quiz

Activity 1 다음 어원의 의미를 생각하며 단어를 완성한 후 단어와 관련된 그림과 뜻을 연결하세요.

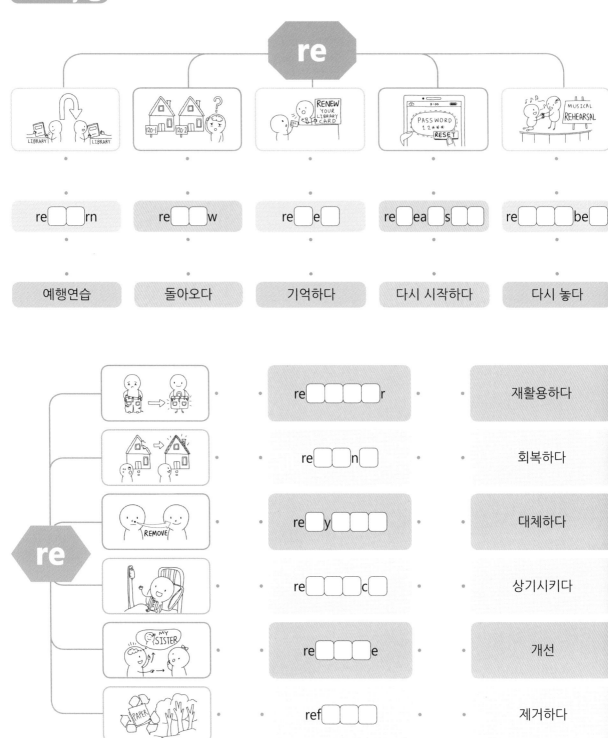

Activity 2 다음 문장의 빈칸에 알맞은 단어를 보기 에서 골라 적고, 퍼즐을 완성해 보세요.

보기   remove   remember   rehearsal   reset   reform   renew

[가로]
❶ When do you want to have a
_____?
당신은 예행연습을 언제 하길 원하나요?
❷ I need to _____ my watch to
the local time.
내 시계를 현지 시간으로 다시 맞추어야 한다.
❸ You have to _____ dust from
your clothes.
당신은 옷에서 먼지를 제거해야 합니다.
❹ She is pushing for education
_____. 그녀는 교육 개혁을 추진하고 있다.

[세로]
❺ He couldn't _____ my address.
그는 내 주소를 기억하지 못했다.
❻ You have to _____ your library card.
당신은 도서관 회원증을 갱신해야 합니다.

Activity 3 다음 문장의 ⬜에 알맞은 단어의 철자를 쓰고, 번호대로 철자를 적어 하나의 단어를 완성하세요.

I waited a long time for her to ⬜[1]⬜⬜⬜⬜⬜. 나는 그녀가 돌아오기를 오랜 시간 기다렸다.

He ⬜⬜[3]⬜⬜[7]⬜ed the data. 그는 그 자료를 복구했다.

You ⬜[2]⬜⬜⬜⬜ me of my sister. 너를 보니 내 누나가 생각난다.

I will ⬜⬜⬜[6]⬜[5]⬜ the roof. 나는 지붕을 교체할 것이다.

We should ⬜⬜⬜[4]⬜⬜⬜ waste paper. 우리는 폐지를 재활용해야 한다.

➡ [1]⬜ [2]⬜ [3]⬜ [4]⬜ [5]⬜ [6]⬜ [7]⬜ = ⬜

ad- 이동(to) / under 아래(down)

ad-
이동(to)

ad는 '이동(to)'을 나타내요. ad는 발음을 쉽게 하기 위해 뒤에 이어지는 글자에 따라 a, ad, al, ap, ar 등으로 형태가 다양하게 바뀐다는 것을 알아두세요.

---

adjust [ədʒʌ́st]

ad(이동) + **just**(올바른) → 올바른 방향으로 이동하다

동 조절하다, 맞추다, 적응하다 명 adjustment 적응, 조정

How do I **adjust** the volume?
볼륨을 어떻게 조절하나요?

He didn't **adjust** to his new environment.
그는 새로운 환경에 적응하지 못했다.

조절하다 ➜ a d ⬚ ⬚ ⬚ ⬚

adopt [ədápt]

ad(이동) + **opt**(= option 선택) → 이동해서 (아이디어를) 선택하다
→ 이동해서 (아이를) 선택하다

图 채택하다, 입양하다 图 adoption 채용, 채택, 입양

He **adopted** the new idea.
그는 새로운 아이디어를 채택했다.

I **adopted** two children.
나는 아이 두 명을 입양했다.

채택하다 ➡ ⬜⬜⬜⬜⬜

arrive [əráiv]

ar(= ad 이동) + **rive**(= river 강) → 강[해변]으로 이동하다

图 (장소에) 도착하다, (물건이) 도착하다 图 arrival 도착

I will be **arriving** next Monday.
나는 다음 주 월요일에 도착할 것이다.

A letter **arrived** for you yesterday.
어제 당신 앞으로 편지가 한 통 왔어요.

ARRIVE

도착하다 ➡ a r ⬜⬜⬜⬜

almost [ɔ́:lmoust]

al(= ad 이동) + **most**(대다수의) → 대다수가 (특정 방향으로) 이동하다

图 거의, 대부분

Lunch's **almost** ready.
점심 식사가 거의 준비되었다.

I am **almost** there.
나는 거기에 거의 다 도착했다.

TOP

거의 ➡ a l ⬜⬜⬜⬜

abroad [əbrɔ́:d]

a(= ad 이동) + **broad**(넓은) → 넓은 곳으로 이동하다

图 해외로, 해외에서

I will go study **abroad**.
나는 유학을 갈 것이다.

I want to spend some time **abroad**.
나는 해외에서 시간을 좀 보내고 싶다.

해외로 ➡ a ⬜⬜⬜⬜⬜

aboard [əbɔ́ːrd]

a(= ad 이동) + **board**(갑판) → 갑판으로 이동하다

뷔 배 위에, 비행기 내에

He went **aboard**.
그는 탑승[승선]했다.

All **aboard**!
모두 탑승[승선]해 주세요!

배 위에 ➡ ☐☐☐☐☐☐

appoint [əpɔ́int]

ap(= ad 이동) + **point**(가리키다, 지점) → (손가락을) 이동해서 누구(또는 시간)를 가리키다

동 임명하다, 지명하다, (시간·장소를) 정하다
명 appointment 임명, (만남 등의) 약속

I was **appointed** as the leader.
내가 리더로 임명되었다.

We need to **appoint** a date for the meeting.
우리는 회의 날짜를 정할 필요가 있습니다.

임명하다 ➡ a p ☐☐☐☐☐

under
아래(down)

언더그라운드 밴드라는 말을 들어본 적이 있나요? underground는 under(아래)와 ground(지상)가 결합된 단어로 지상파 방송에 출연하지 않고 공연 위주로 활동하는 밴드를 의미해요. under는 어떤 대상의 아래(down)에 있는 상태를 나타내요.

under [ʌ́ndər]

under(아래)

전 ~의 (바로) 아래

Your wallet is **under** the table.
당신 지갑은 테이블 아래에 있다.   *wallet: (접는 식의) 지갑

Children **under** 5 are free.
5세 미만 어린이는 무료이다.

~의 아래 ➡  u n d e r

understand [ʌ̀ndərstǽnd]

under(아래) + stand(서다) ➡ (이해 영역) 아래에 서다

동 이해하다, 알다

I don't **understand** your explanation.
나는 당신의 설명을 이해할 수 없어요.   *explanation: 설명

Can you **understand** Korean?
당신은 한국어를 알아들을 수 있습니까?

이해하다 ➡

underwear [ʌ́ndərwὲər]

under(아래) + wear(입다) ➡ (겉옷) 아래에 입는 것

명 속옷

You should change your **underwear** every day.
너는 매일 속옷을 갈아입어야 한다.

Is this **underwear** too big for you?
이 속옷은 너에게 너무 크니?

속옷 ➡

underline [ʌ̀ndərláin]

under(아래) + line(선을 긋다) ➡ (글자) 아래에 선을 긋다

동 밑줄을 긋다

I **underline** important words.
나는 중요한 단어들에 밑줄을 긋는다.

Underline the key sentences.
중요한 문장들에 밑줄을 그으세요.   *sentence: 문장

밑줄을 긋다 ➡

Activity 1 다음 어원의 의미를 생각하며 단어를 완성한 후 단어와 관련된 그림과 뜻을 연결하세요.

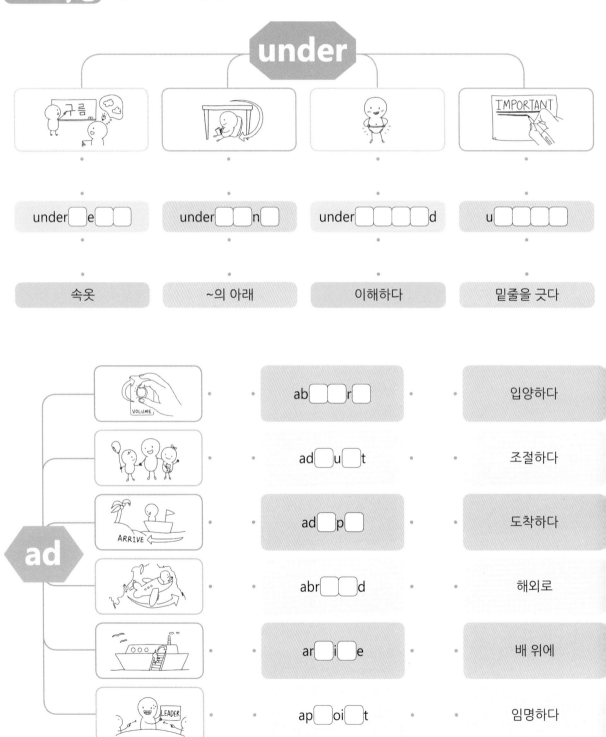

under

under☐e☐☐	under☐☐n☐	under☐☐☐☐d	u☐☐☐☐
속옷	~의 아래	이해하다	밑줄을 긋다

ad

ab☐☐r☐	입양하다
ad☐u☐t	조절하다
ad☐p☐	도착하다
abr☐☐d	해외로
ar☐i☐e	배 위에
ap☐oi☐t	임명하다

Activity ② 다음 문장의 빈칸에 알맞은 단어를 보기 에서 골라 적고, 단어를 찾아 표시하세요.

보기 appoint   abroad   adjust   almost   adopt   aboard   arrive

1 How do I _____ the volume?
볼륨을 어떻게 조절하나요?

2 He _____ed the new idea.
그는 새로운 아이디어를 채택했다.

3 A letter _____d for you yesterday.
어제 당신 앞으로 편지가 한 통 왔어요.

4 Lunch's _____ ready.
점심 식사가 거의 준비되었다.

5 I will go study _____.
나는 유학을 갈 것이다.

6 He went _____.
그는 탑승했다.

7 I was _____ed as the leader.
내가 리더로 임명되었다.

A	P	O	I	N	T	D	E	R	I	V
R	T	L	M	S	T	O	S	M	A	L
B	O	P	N	J	D	P	R	A	L	D
N	E	V	O	R	D	D	B	L	M	A
E	V	D	R	D	R	O	D	I	O	L
T	I	A	O	R	A	D	J	U	S	T
N	R	M	D	R	B	E	V	V	T	I
D	R	J	D	J	A	U	S	T	O	P
B	A	T	D	A	O	R	B	A	J	V
A	P	P	O	I	N	T	L	S	I	R
J	R	T	S	U	I	R	O	J	S	E

Activity ③ 다음 철자를 알맞은 순서대로 배열하여 문장의 빈칸에 쓰세요.

1 **eawrunred** → You should change your _____ every day.
너는 매일 속옷을 갈아입어야 한다.

2 **nerdu** → Your wallet is _____ the table.
당신 지갑은 테이블 아래에 있다.

3 **unenderli** → I _____ important words.
나는 중요한 단어들에 밑줄을 긋는다.

4 **astnderdnu** → Can you _____ Korean?
당신은 한국어를 알아들을 수 있습니까?

Unit 09

over 위에, 너머로, 넘어 / post- 이후에(after), 뒤에

over

위에, 너머로, 넘어

뮤지컬 영화 〈오즈의 마법사(The Wizard of Oz)〉에 나오는 노래 Over The Rainbow를 알고 있나요? 무지개 너머(over)에 있는 꿈같은 세상을 동경하는 노래인데요. over는 '위에', '너머로', '넘어'의 의미를 담고 있어요.

over [óuvər]	over(위에, 넘어)

전 ~의 위에, ~을 넘어

You should wear a jacket **over** your shirt.
너는 셔츠 위에 재킷을 입어야 한다.

He crossed **over** the river.
그는 강을 건넜다[넘었다].

~의 위에 ➡ o v e r

74

overlook [òuvərlúk]

over(위에, 너머로) + look(보다) → (어깨) 너머로 (대충) 보다
→ 위에서 내려다보다

동 간과하다[눈감아 주다], 내려다보다

I can't **overlook** your mistakes any more.
나는 더 이상 너의 실수들을 눈감아 줄 수 없다.

This window **overlooks** the garden.
이 창문에서는 정원이 내려다보인다.

간과하다 ➡

overall [óuvərò:l]

over(위에) + all(모두) → 위에 전부

형 종합[전반]적인, 전체의 부 전반적으로

Her **overall** record is 3 wins.
그녀의 종합 성적은 3승이다.

Overall, this application is useful.
전반적으로, 이 애플리케이션은 유용하다.   *application: 애플리케이션, 스마트폰의 앱(app)

종합적인 ➡

overlap [òuvərlǽp]

over(위에) + lap(겹쳐 포개다) → (물건) 위에 겹쳐 포개다

동 겹치다, 중복되다, 일치하다

The contents of the two books **overlap** each other.
그 두 책의 내용은 서로 겹친다.   *content: 콘텐츠, 내용

Your free time doesn't **overlap** with mine.
너의 자유 시간과 나의 자유 시간이 일치하지 않는다.

겹치다 ➡

overseas [óuvərsì:z][òuvərsí:z]

over(넘어) + sea(바다) + s → 바다를 넘어

형 해외[외국]의 부 해외로, 바다 저편에

I am planning an **overseas** trip.
나는 해외여행을 계획하고 있다.

The company moved **overseas**.
그 회사는 해외로 이전했다.   *company: 회사

해외의 ➡

overnight [òuvərnáit]	over(넘어) + night(밤) → 밤을 넘어[지새워]

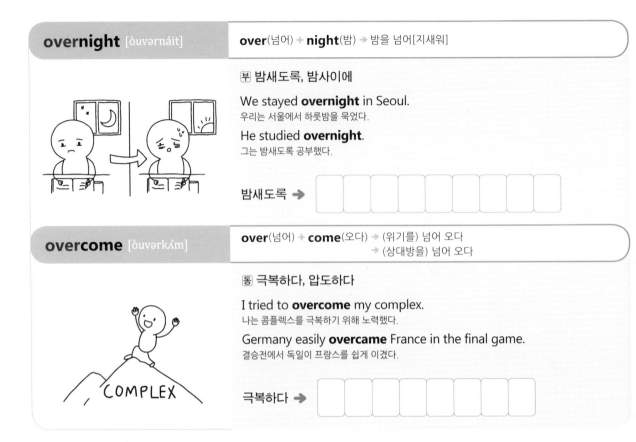

児 밤새도록, 밤사이에

We stayed **overnight** in Seoul.
우리는 서울에서 하룻밤을 묵었다.

He studied **overnight**.
그는 밤새도록 공부했다.

밤새도록 ➜ ☐☐☐☐☐☐☐

overcome [òuvərkʌ́m]	over(넘어) + come(오다) → (위기를) 넘어 오다
	→ (상대방을) 넘어 오다

동 극복하다, 압도하다

I tried to **overcome** my complex.
나는 콤플렉스를 극복하기 위해 노력했다.

Germany easily **overcame** France in the final game.
결승전에서 독일이 프랑스를 쉽게 이겼다.

극복하다 ➜ ☐☐☐☐☐☐☐☐

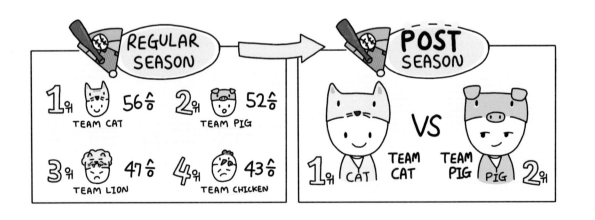

post-

1. 이후에(after) 2. 뒤에

야구 경기는 정규 시즌과 포스트(post) 시즌으로 나뉘어요. 포스트 시즌은 정규 시즌에서 좋은 성적을 거둔 팀끼리 정규 시즌 뒤에 경기를 치르는 기간을 말해요. post는 시간을 나타낼 때는 '이후에(after)'를 의미하고, 위치를 나타낼 때는 '뒤에'를 의미하죠.

post season [póust síːzn]

post(이후에) + **season**(스포츠 시즌) ➡ 스포츠 정규 시즌이 끝난 뒤

명 포스트 시즌(정규 시즌 상위 팀끼리 최종 우승팀을 가리는 기간)

The **post season** starts tomorrow.
포스트 시즌이 내일부터 시작된다.

He hit a home run in the **post season**.
그는 포스트 시즌에서 홈런을 쳤다.

포스트 시즌 ➡ | p | o | s | t | | | | | |

postscript [póustskript]

post(뒤에) + **script**(대본, 손 글씨) ➡ 글을 다 쓴 뒤에 쓰는 것

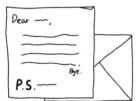

명 추신(약자: P.S.), 후기

P.S. stands for "**postscript**."
P.S.는 '추신'을 나타낸다.   *stand for: ~을 의미하다

He added a **postscript** to his letter.
그는 편지에 추신을 덧붙였다.   *add: 덧붙이다

추신 ➡ | | | | | | | | | | |

요것도 알아 둬! 영어 속담

Success doesn't come _____.

성공은 하룻밤 사이에 오지 않는다.(천리 길도 한 걸음부터다.)   *success: 성공

정답: overnight

Fun Quiz

Activity 1 다음 어원의 의미를 생각하며 단어를 완성한 후 단어와 관련된 그림과 뜻을 연결하세요.

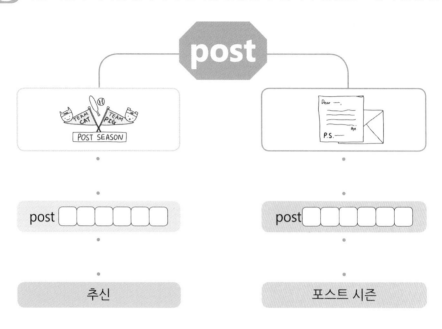

post

post ⬚⬚⬚⬚⬚

post ⬚⬚⬚⬚⬚⬚

추신

포스트 시즌

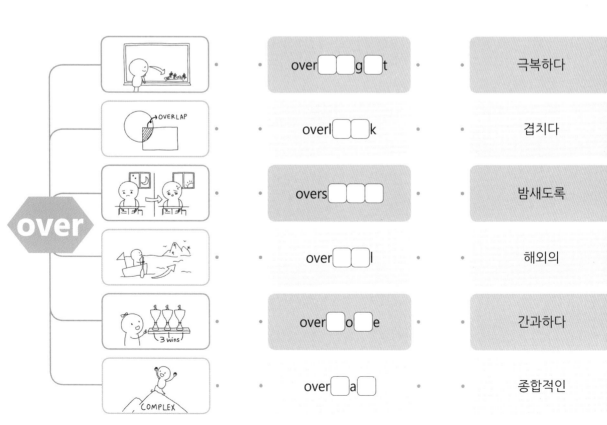

over

over⬚⬚g⬚t — 극복하다

overl⬚⬚k — 겹치다

overs⬚⬚⬚ — 밤새도록

over⬚⬚l — 해외의

over⬚o⬚e — 간과하다

over⬚a⬚ — 종합적인

Activity 2 다음 문장의 빈칸에 알맞은 단어를 보기에서 골라 적고, 퍼즐을 완성해 보세요.

보기   overseas   postscript   overlook   over   overnight

[가로]

❶ We stayed _____ in Seoul.
　우리는 서울에서 하룻밤을 묵었다.

❷ You should wear a jacket _____ your shirt.
　너는 셔츠 위에 재킷을 입어야 한다.

❸ He added a _____ to his letter.
　그는 편지에 추신을 덧붙였다.

[세로]

❹ I can't _____ your mistakes any more.
　나는 더 이상 너의 실수들을 눈감아 줄 수 없다.

❺ I am planning an _____ trip.
　나는 해외여행을 계획하고 있다.

Activity 3 다음 문장의 ☐에 알맞은 단어의 철자를 쓰고, 번호대로 철자를 적어 하나의 단어를 완성하세요.

1 Your free time doesn't ☐☐☐☐☐[5]☐☐ with mine.
너의 자유 시간과 나의 자유 시간이 일치하지 않는다.

2 Her ☐[2]☐☐[4]☐☐☐☐ record is 3 wins. 그녀의 종합 성적은 3승이다.

3 I tried to ☐[1]☐[3]☐☐☐☐☐ my complex. 나는 콤플렉스를 극복하기 위해 노력했다.

4 The ☐[7]☐☐☐☐ ☐☐[6]☐☐☐ starts tomorrow. 포스트 시즌이 내일부터 시작된다.

➡ [1]☐ [2]☐ [3]☐ [4]☐ [5]☐ [6]☐ [7]☐ = ☐☐☐☐☐☐☐

out- 밖, (안에서) 밖으로 / sub- 아래에(down, under)

out-

밖, (안에서) 밖으로

야구 경기에서 타자가 공을 치고 1루로 달려가는데 수비수가 먼저 1루에 공을 던지면 타자는 아웃(out)이 되죠. 아웃이 되면 타자는 그라운드 안(in)에 있지 못하고 밖(out)으로 나와 더그아웃(dugout)으로 가요. 이렇게 out은 안에서 밖으로 나가거나 밖에 있는 상태를 의미해요.

---

outcome [áutkʌm]

out(밖) + **come**(오다) ➡ (노력의 결과가) 밖으로 나오는 것

명 **결과, 성과**

Predicting the **outcome** of the story is difficult.
그 이야기의 결말을 예측하는 것은 쉽지 않다.

Can you guess the **outcome** of the game?
당신은 그 게임의 결과를 추측할 수 있습니까?

결과 ➡ | o | u | t | | | |

outline [áutlàin]

out(밖) + line(선) ➔ 바깥 선

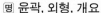

명 윤곽, 외형, 개요

He told us a broad **outline** of his plan.
그는 우리에게 자기 계획의 대체적인 윤곽을 말했다.   *broad: 전반적인, 넓은

You should write an **outline** for your essay.
너는 에세이의 개요를 작성해야 한다.

윤곽 ➔

output [áutpùt]

out(밖) + put(두다, 놓다) ➔ (완성해서) 밖에 놓다

명 출력, 생산 동 출력해 내다

Our daily **output** of cars is about three hundred.
우리의 하루 자동차 생산량은 약 300대이다.   *daily: 매일의

Computers can **output** data quickly.
컴퓨터는 데이터를 빠르게 출력할 수 있다.

출력 ➔

outlook [áutlùk]

out(밖) + look(보다) ➔ 저 멀리 밖을 내다보는 것

명 경치, 전망, 예측

My house has a nice **outlook** on the sea.
우리 집에서는 멋진 바다 경치가 보인다.

The **outlook** for the weekend is rainy.
주말 날씨 전망은 비가 오겠습니다.

경치 ➔

outstanding [àutstǽndiŋ]

out(밖) + standing(서 있는) ➔ 밖으로 튀어나오게 서 있어서 (눈에 띄는)

형 뛰어난, 눈에 띄는

He is an **outstanding** player.
그는 뛰어난 선수이다.

Here is an area of **outstanding** natural beauty.
여기는 자연의 아름다움이 뛰어난 지역이다.

뛰어난 ➔

outgoing [áutgòuiŋ]

out(밖) + **going**(가는) → 밖으로 나가는
→ (성격상) 밖으로 나가는 것을 좋아하는

⟨형⟩ (특정 장소에서) 떠나가는, 외향적인

Where is the **outgoing** mailbox?
발신 우편함은 어디에 있나요?

She's really an **outgoing** girl.
그녀는 정말 외향적인 소녀이다.

떠나가는 → | | | | | | | |

sub-

아래에(down, under)

지하철을 영어로 왜 subway라고 하는지 알고 있나요? way는 '길'을 의미하고 sub 는 '아래에(down)'를 뜻하기 때문에 두 개의 의미를 더하면 땅 아래로 다니는 길이 라는 뜻이 되어 '지하철'이 되는 거예요. sub의 변형형 sup도 '아래에'라는 의미를 담 고 있어요.

subway [sʌ́bwèi]

sub(아래에) + **way**(길) ➝ 아래로 지나가는 길

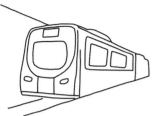

명 지하철

Where is the **subway** station?
지하철역이 어디입니까?

I lost $5 in the **subway**.
나는 지하철에서 5달러를 잃어버렸다.

지하철 ➝ | S | u | b | | | |

submarine [sʌ́bmərìːn]

sub(아래에) + **marine**(바다의) ➝ 바다 아래로 지나가는 것

명 잠수함

The **submarine** is fast.
그 잠수함은 빠르다.

I will travel by **submarine** under the sea.
나는 잠수함을 타고 바다 밑을 여행할 것이다.

잠수함 ➝ | | | | | | | | |

subscribe [səbskráib]

sub(아래에) + **scribe**(쓰다) ➝ (서류의) 아래에 (이름을) 쓰다

동 (신문을) 구독하다, (인터넷 · TV 채널 등에) 가입하다
명 subscription 구독, 가입

He **subscribes** to the newspaper.
그는 신문을 구독한다.

I **subscribe** to TV sports channels.
나는 TV 스포츠 채널에 가입해서 시청한다.

구독하다 ➝ | | | | | | | | |

support [səpɔ́ːrt]

sup(= sub 아래에) + **port**(항구, 운반하다) ➝ 아래에서 운반하다[받치다]

동 받치다, (사람을) 부양하다, (의견을) 지지하다 명 부양, 지지, 도움

I **support** your opinion.
나는 당신의 의견을 지지한다.

He gave me lots of **support**.
그는 나에게 많은 도움을 주었다.

받치다 ➝ | S | u | p | | | |

Fun Quiz

Activity ❶ 다음 어원의 의미를 생각하며 단어를 완성한 후 단어와 관련된 그림과 뜻을 연결하세요.

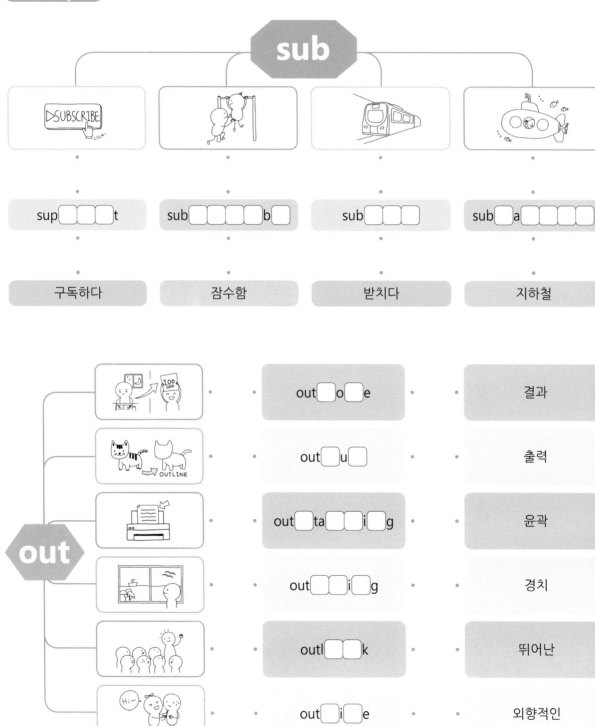

다음 문장의 빈칸에 알맞은 단어를 보기 에서 골라 적고, 단어를 찾아 표시하세요.

보기   outcome   output   outgoing   outline   outlook   outstanding

1 Predicting the _____ of the story is difficult.
그 이야기의 결말을 예측하는 것은 쉽지 않다.

2 He told us a broad _____ of his plan.
그는 우리에게 자기 계획의 대체적인 윤곽을 말했다.

3 Computers can _____ data quickly.
컴퓨터는 데이터를 빠르게 출력할 수 있다.

4 My house has a nice _____ on the sea.
우리 집에서는 멋진 바다 경치가 보인다.

5 He is an _____ player.
그는 뛰어난 선수이다.

6 Where is the _____ mailbox?
발신 우편함은 어디에 있나요?

O	U	T	C	A	M	E	O	U	L	O	K
U	P	O	U	T	P	U	T	E	D	K	O
P	G	N	I	D	N	A	T	S	T	U	O
T	O	D	E	G	U	G	I	N	G	K	L
U	T	O	G	N	I	E	D	A	T	S	T
O	E	S	A	I	M	T	O	I	N	G	U
E	S	D	U	O	U	S	E	M	O	C	O
C	G	A	C	G	S	M	L	O	O	U	K
M	N	T	I	T	A	S	O	U	T	K	L
E	U	P	T	U	A	N	D	L	N	G	E
O	S	T	U	O	G	I	I	A	S	K	N
A	N	G	U	E	A	N	K	U	P	D	I
U	M	O	A	C	E	G	K	L	Q	R	T

Activity 3 다음 철자를 알맞은 순서대로 배열하여 문장의 빈칸에 쓰세요.

ywbsua → I lost $5 in the _____.
나는 지하철에서 5달러를 잃어버렸다.

orptups → I _____ your opinion.
나는 당신의 의견을 지지한다.

msuarenbi → I will travel by _____ under the sea.
나는 잠수함을 타고 바다 밑을 여행할 것이다.

suebrcsib → He _____ s to the newspaper.
그는 신문을 구독한다.

dis- 부정(not), 반대, 떨어진, 분리된(off)

DIS RESPECT

RESPECT

RESPECT

dis-

1. 부정(not) 2. 반대
3. 떨어진, 분리된(off)

상대방을 '디스(dis)'한다는 표현을 들어본 적이 있나요? 디스는 상대방을 공격하거나 폄하하는 힙합의 하위문화 중 하나로 '존경(하다)'이라는 뜻의 respect에 dis를 붙인 disrespect의 줄임말이에요. 즉, dis는 '부정', '반대'의 의미를 나타내요. 집단 구성원들이 나의 의견을 부정하고 반대하면 나는 그 집단에서 분리(off)되어 멀어지기 때문에 '부정', '반대'에서 '분리'의 의미가 파생되기도 했어요.

---

dislike [disláik] | **dis**(부정) + **like**(좋아하다) → 좋아하지 않는다

통 싫어하다 명 싫음 반 like 좋아하다

NO!!

I **dislike** pizza.
나는 피자를 싫어한다.

Do you **like** your new car?
당신의 새 차가 마음에 드나요?

싫어하다 → | d | i | s | | | | |

disable [diséibl]

dis(부정) + **able**(할 수 있는) ➔ 할 수 없는

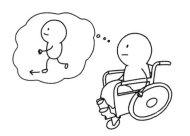

동 무능력하게 하다, (신체에) 장애를 입히다　반 able 할 수 있는, 유능한

She is **disabled** because of a car accident.
그녀는 차 사고로 장애인이 되었다.　*accident: 사고, 사건

Will you be **able** to join us?
당신은 우리와 함께 할 수 있나요?

무능력하게 하다 ➔

disagree [dìsəgríː]

dis(반대) + **agree**(동의하다) ➔ 동의에 반대하다

동 의견이 맞지 않다　반 agree 동의하다

He **disagreed** with me on every topic.
그는 모든 문제에 대해서 나와 의견이 맞지 않았다.

I quite **agree**.
전적으로 동의합니다.　*quite: 꽤, 상당히

의견이 맞지 않다 ➔

disorder [disɔ́ːrdər]

dis(반대) + **order**(순서, 질서) ➔ 질서를 지키지 않는 것

명 무질서, 혼란, 장애　반 order 순서, 질서

She has a sleep **disorder**.
그녀는 수면 장애가 있다.

Line up in **order**.
순서대로 줄을 서 주세요.

무질서 ➔

dishonor [disɑ́nər]

dis(반대) + **honor**(경의, 명예) ➔ 명예롭지 않음

명 불명예, 치욕　반 honor 경의, 명예

She is a **dishonor** to her family.
그녀는 가족의 수치이다.

It is an **honor** to receive this prize.
이 상을 받게 되어 영광입니다.　*receive: 받다

불명예 ➔

disadvantage [dìsədvǽntidʒ]

dis(반대) + advantage(이점, 유리) → 유리하지 않음

명 불리, 결점, 난점 반 advantage 이점, 유리

What is the **disadvantage** of living in Seoul?
서울에 사는 불편한 점은 무엇인가요?

Eating breakfast has a lot of **advantages**.
아침밥을 먹는 것은 좋은 점이 많다.

불리 → ☐☐☐☐☐☐☐☐☐☐☐☐

disappear [dìsəpíər]

dis(반대) + appear(나타나다, 보이다) → '나타나다'의 반대

동 사라지다, 자취를 감추다 반 appear 나타나다

The plane **disappeared** behind the mountain.
비행기가 산 뒤로 자취를 감췄다.

A car **appeared** around the corner.
모퉁이를 돌아 자동차 한 대가 나타났다.

사라지다 → ☐☐☐☐☐☐☐☐☐

disclose [disklóuz]

dis(반대) + close(닫다, 덮다) → 열다

동 공개하다, 드러내다 반 close 닫다, 덮다

He will **disclose** your secret soon.
그가 곧 당신의 비밀을 공개할 것이다.

Let's **close** the curtains.
커튼을 칩시다.

공개하다 → ☐☐☐☐☐☐☐☐

discover [diskΛvər]

dis(반대) + cover(덮다, 덮개) → 덮개를 없애다

동 발견하다, 알다 반 cover 덮다, 가리다

Did you **discover** a way to solve it?
당신은 그것을 해결할 방법을 알아냈나요?

She **covered** her face with her hands.
그녀는 두 손으로 얼굴을 가렸다.

발견하다 → ☐☐☐☐☐☐☐☐

discuss [diskΛs]

dis(분리, 각자) + **cuss**(흔들다) → (주제에 관해) 각자 (이쪽저쪽) 흔들며 이야기하다

동 논의하다, 토론하다 명 discussion 논의, 토론

We need to **discuss** when we should leave.
우리가 언제 떠나야 하는지 논의할 필요가 있다.

Have you **discussed** the problem with your mother?
그 문제를 엄마와 상의해 봤니?

논의하다 ➡ ☐☐☐☐☐☐☐

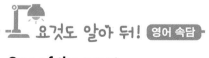
요것도 알아 둬! 영어 속담

One of the great _____s of hurry is that it takes such a long time.

서둘러서 당하는 큰 손해들 중 하나는 그게 긴 시간을 소모한다는 것이다.

정답: disadvantage

89

Activity ❶ 다음 어원의 의미를 생각하며 단어를 완성한 후 단어와 관련된 그림과 뜻을 연결하세요.

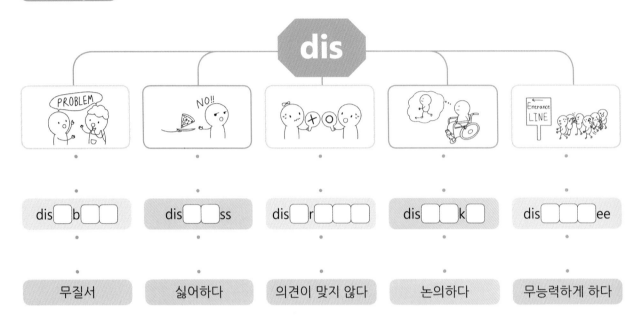

dis☐b☐☐   dis☐☐ss   dis☐r☐☐☐   dis☐☐k☐   dis☐☐☐ee

무질서   싫어하다   의견이 맞지 않다   논의하다   무능력하게 하다

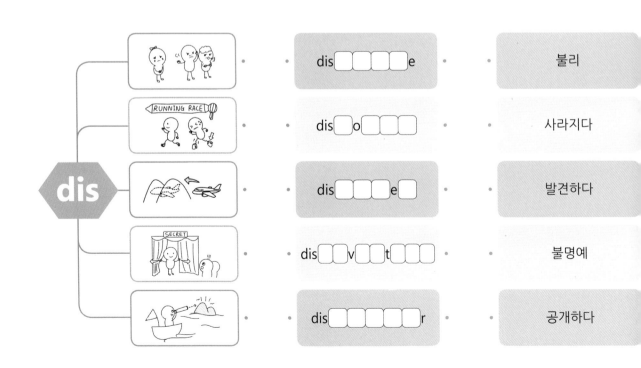

dis☐☐☐☐e — 불리

dis☐o☐☐☐ — 사라지다

dis☐☐☐e☐ — 발견하다

dis☐☐v☐t☐☐☐ — 불명예

dis☐☐☐☐☐r — 공개하다

Activity ② 다음 문장의 빈칸에 알맞은 단어를 **보기** 에서 골라 적고, 퍼즐을 완성해 보세요.

보기   disappear   disable   disclose   dislike   discuss

[가로]

❶ The plane _____ed behind the mountain.

비행기가 산 뒤로 자취를 감췄다.

❷ I _____ pizza.

나는 피자를 싫어한다.

❸ We need to _____ when we should leave.

우리가 언제 떠나야 하는지 논의할 필요가 있다.

[세로]

❹ He will _____ your secret soon.

그가 곧 당신의 비밀을 공개할 것이다.

❺ She is _____d because of a car accident.

그녀는 차 사고로 장애인이 되었다.

Activity ③ 다음 문장의 ☐에 알맞은 단어의 철자를 쓰고, 번호대로 철자를 적어 하나의 단어를 완성하세요.

1 She has a sleep [1][2][3]☐☐☐☐☐☐. 그녀는 수면 장애가 있다.

2 She is a ☐☐☐☐[5]☐☐☐ to her family. 그녀는 가족의 수치이다.

3 What is the ☐☐☐☐☐[6]☐☐☐☐[7] of living in Seoul?

서울에 사는 불편한 점은 무엇인가요?

4 He ☐☐☐☐☐[8]☐d with me on every topic. 그는 모든 문제에 대해서 나와 의견이 맞지 않았다.

5 Did you ☐☐☐[4]☐☐☐☐ a way to solve it? 당신은 그것을 해결할 방법을 알아냈나요?

➡ [1][2][3][4][5][6][7][8] = _____

91

en- 만들다(make), 되게 하다

en-
만들다(make), 되게 하다

large의 뜻이 '큰', '거대한'인 것은 알고 있죠? 그러면, large 앞에 en을 붙이면 무슨 뜻이 될까요? en은 '만들다', '되게 하다'라는 의미를 가지고 있어서 enlarge는 '크게 만들다'라는 뜻이 돼요. 이렇게 어원을 알면 새로운 단어의 뜻도 더 빨리, 더 쉽게 파악할 수 있어요.

---

enough [inʌf]	**en**(만들다) + **ou**(= **out** 밖) + **gh** → 밖으로 (넘치게) 만드는

형 충분한   대 충분한 양[수]

Do you have **enough** water?
당신은 충분한 물을 가지고 있나요?

I've had **enough**.
나는 충분히 먹었다.

충분한 → | e | n | | | | |

enjoy [endʒɔ́i]

en(만들다) + joy(기쁨) → 기쁘게 만들다

동 즐기다, 누리다 명 enjoyment 기쁨, 즐거움

I **enjoyed** myself at the party.
나는 파티에서 즐거운 시간을 보냈다.

She's **enjoyed** good health recently.
그녀는 최근에 건강을 누려 왔다.

즐기다 ➜ ☐ ☐ ☐ ☐ ☐

encourage [enkə́ːridʒ]

en(만들다) + courage(용기, 용감함) → 용기를 만들어 주다

You can do it!

동 격려하다, 용기를 북돋우다 반 discourage 낙담시키다

My father has always **encouraged** me.
아버지는 항상 나를 격려해 주셨다.

My parents tried to **discourage** me from being an actor.
우리 부모님은 내가 배우가 되는 것을 막으려고 애쓰셨다.

격려하다 ➜ ☐ ☐ ☐ ☐ ☐ ☐ ☐ ☐ ☐

entitle [entáitl]

en(만들다) + title(명칭, 제목) → 명칭에 맞는 (자격을) 만들다
→ 제목을 만들다

PRINCE

동 자격을 주다, 제목을 붙이다 명 entitlement 자격

She is **entitled** to do this.
그녀는 이렇게 할 자격이 있다.

I read a book **entitled** "The Little Prince."
나는 '어린 왕자'라는 제목의 책을 읽었다.

자격을 주다 ➜ ☐ ☐ ☐ ☐ ☐ ☐ ☐

enrich [enrítʃ]

en(만들다) + rich(부유한, 풍부한) → 부유하게[풍부하게] 만들다

동 부유하게 하다, 풍부하게 만들다 명 enrichment 풍부하게 함, 강화

She **enriched** herself with business.
그녀는 사업으로 부를 축적했다.

This book will **enrich** your mind.
이 책은 당신의 마음을 풍요롭게 할 것이다.

부유하게 하다 ➜ ☐ ☐ ☐ ☐ ☐ ☐

enclose [enklóuz]

en(만들다) + **close**(닫다) → (입구를) 닫아서 (못 들어가게) 만들다

통 둘러싸다, (편지를) 동봉하다

The backyard is **enclosed** by trees.
그 뒤뜰은 나무로 둘러싸여 있다.

Please **enclose** postage.
우편료를 동봉해 주세요.   *postage: 우편 요금

둘러싸다 ➡ ☐☐☐☐☐☐☐

enlarge [enláːrdʒ]

en(만들다) + **large**(크게) → 크게 만들다

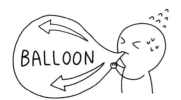

통 크게 확대하다, 커지다   명 enlargement 확대, 확장

She wants to **enlarge** her restaurant.
그녀는 자신의 식당을 확장하고 싶어 한다.

How can I **enlarge** the image?
이 이미지를 확대하려면 어떻게 하죠?

크게 확대하다 ➡ ☐☐☐☐☐☐☐

ensure [enʃúər]

en(되게 하다) + **sure**(확실한) → 확실하게 하다

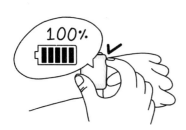

통 확실하게 하다, 보증[보장]하다

Ensure that you have enough batteries.
배터리가 충분한지 확인하세요.

Intelligence doesn't **ensure** success in life.
지능이 인생에서의 성공을 보장하지는 않는다.   *intelligence: 지능

확실하게 하다 ➡ ☐☐☐☐☐☐

enable [enéibl]

en(되게 하다) + **able**(가능한) → 가능하게 하다

통 가능하게 하다   반 disable 무능력하게 하다

Smartphones **enable** people to do many things.
사람들은 스마트폰으로 많은 것을 할 수 있다.

He helped his **disabled** friend.
그는 몸이 불편한 친구를 도왔다.

가능하게 하다 ➡ ☐☐☐☐☐☐

enforce [enfɔ́ːrs]

en(되게 하다) + **force**(힘) → (법의) 힘으로 되게 하다

동 (법을) 시행하다, 강요하다 명 enforcement 집행, 강제

The police **enforce** the law.
경찰은 법을 집행한다.　*law: 법

She doesn't **enforce** classroom discipline.
그녀는 학급 규칙을 강요하지 않는다.　*discipline: 규율

시행하다 →

요것도 알아 둬!　영어 속담, 영어 구문

If you would _____ the fruit, pluck not the flower.

열매를 맛보려면 꽃을 꺾지 마라.　*pluck: (과일·꽃 등을) 따다[꺾다], (털을) 뽑다

정답: enjoy

(A) enable (B) to do

enable의 주어(A)로는 주로 사물이 쓰이며 '대상(B)이 무엇을 할 수 있게 하다'라는 의미입니다.

• Money will **enable** you **to** buy a car.
　　(A)　　　　　(B)

돈은 당신이 차를 살 수 있게 한다.(= 당신은 돈이 있어서 차를 살 수 있다.)

• All your senses **enable** you **to** remember many things.
　　(A)　　　　　(B)

당신은 모든 감각 덕분에 많은 것을 기억할 수 있다.

Activity 1 다음 어원의 의미를 생각하며 단어를 완성한 후 단어와 관련된 그림과 뜻을 연결하세요.

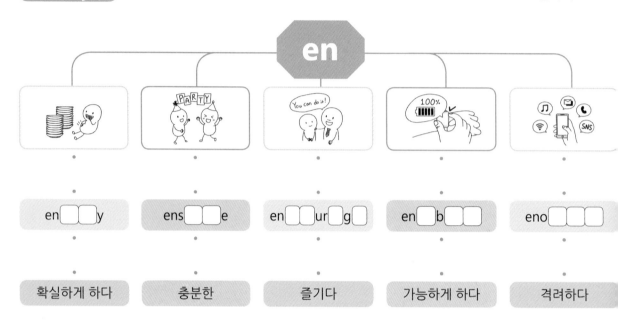

en

| en☐☐y | ens☐☐e | en☐☐ur☐g☐ | en☐b☐☐ | eno☐☐☐ |
| 확실하게 하다 | 충분한 | 즐기다 | 가능하게 하다 | 격려하다 |

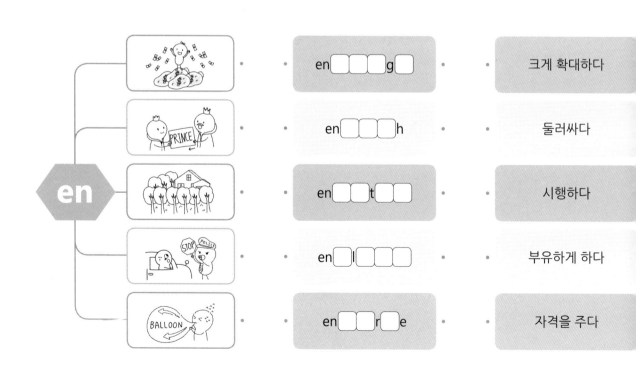

en

en☐☐☐g☐ — 크게 확대하다

en☐☐☐h — 둘러싸다

en☐☐t☐☐ — 시행하다

en☐l☐☐☐ — 부유하게 하다

en☐☐r☐e — 자격을 주다

Activity 2 다음 문장의 빈칸에 알맞은 단어를 [보기]에서 골라 적고, 단어를 찾아 표시하세요.

[보기]　　enough　　enjoy　　ensure　　encourage　　enable

1　Do you have _____ water?
　당신은 충분한 물을 가지고 있나요?

2　My father has always
　_____d me.
　아버지는 항상 나를 격려해 주셨다.

3　Smartphones _____ people
　to do many things.
　사람들은 스마트폰으로 많은 것을 할 수 있다.

4　_____ that you have
　enough batteries.
　배터리가 충분한지 확인하세요.

5　I _____ed myself at the
　party.
　나는 파티에서 즐거운 시간을 보냈다.

O	E	G	A	R	U	O	C	N	E	J
E	A	B	N	L	G	C	O	C	N	E
N	J	E	N	J	O	Y	R	E	N	G
B	N	G	L	R	B	R	J	A	O	O
E	C	Y	R	E	N	C	B	C	E	A
A	E	O	J	N	G	L	B	R	G	L
L	R	A	B	O	E	Y	G	E	J	N
G	U	C	R	U	L	G	A	Y	B	Y
N	S	E	L	G	G	N	Y	O	R	L
E	N	O	A	H	B	E	B	G	R	C
B	E	J	R	C	N	L	N	Y	E	A

Activity 3 다음 철자를 알맞은 순서대로 배열하여 문장의 빈칸에 쓰세요.

1　**tenilte**　➡　She is _____d to do this.
　그녀는 이렇게 할 자격이 있다.

2　**laenrge**　➡　How can I _____ the image?
　이 이미지를 확대하려면 어떻게 하죠?

3　**efnroce**　➡　The police _____ the law.
　경찰은 법을 집행한다.

4　**cnelsoe**　➡　The backyard is _____d by trees.
　그 뒤뜰은 나무로 둘러싸여 있다.

5　**reinhc**　➡　This book will _____ your mind.
　이 책은 당신의 마음을 풍요롭게 할 것이다.

se- 분리(off), 떨어져(apart) /
per- 완전히, 끝까지, 통해서(through)

se-

분리(off), 떨어져(apart)

<비밀의 화원(The Secret Garden)>이라는 동화책을 읽어본 적 있나요? secret은 '비밀의', '비밀'이라는 뜻인데요. 비밀이란 남들이 알지 못하도록 분리(se)시켜 놓은 정보를 말해요. 그래서 회장의 '비서'는 회장의 비밀을 지켜야 하는 사람이기 때문에 영어로는 secret에서 파생된 secretary가 되는 거예요.

---

section [sékʃən]   **se**(분리) + **c** + **tion**(것) ➡ 분리된 것

몡 잘라낸 부분, 구역, 단면(도), 부서

He cut the pie into three **sections**.
그는 파이를 세 조각으로 나누었다.

The hospital has five **sections**.
그 병원에는 5개의 (진료) 부서가 있다.

잘라낸 부분 ➡ | S | e | | | | | |

secure [sikjúər]

se(분리) + cure(= care 걱정) → 걱정에서 분리된

형 안전한, 확고한 동 (힘들게) 획득[확보]하다

The future of your job looks **secure**.
당신 직업의 미래는 안전해 보인다.

I **secured** myself a place at law school.
나는 법학 대학 입학 허가를 받아냈다.

안전한 ➡ ☐☐☐☐☐☐

select [silékt]

se(분리) + lect(= choose 고르다) → (여러 가지 중에서) 하나를 분리해서 고르다

동 선택하다, 고르다 명 selection 선택, 선발

It's not easy to **select** the best book for kids.
아이들에게 가장 좋은 책을 고르기는 쉽지 않다.

I haven't been **selected** for the team.
나는 팀원으로 선발되지 않았다.

선택하다 ➡ ☐☐☐☐☐☐

separate [sépərèit][sépərit]

se(분리) + par(= part 부분) + ate → 부분으로 분리하다

동 분리하다, 나누다 형 분리된, 별개의 명 separation 분리, 구분

Separate the eggs.
달걀을 (노른자위와 흰자위로) 분리하세요.

Bananas must be kept **separate** from apples.
바나나는 사과와 분리해서 보관되어야 한다.

분리하다 ➡ ☐☐☐☐☐☐☐☐

secret [síːkrit]

se(분리) + cret(= off 분리) → (아무도 알 수 없게) 분리시켜 놓은 것

명 비밀, 비결 형 비밀의

You have to keep this **secret**.
당신은 이 비밀을 지켜야 합니다.

Please enter your **secret** number.
비밀번호를 입력하세요.

비밀 ➡ ☐☐☐☐☐☐

secretary [sékrətèri]

secret(비밀) + ary(관여하는 사람) → (직장 상사의) 비밀에 관여하는 사람

명 (개인·임직원의) 비서, 총무[서기]

I need a new **secretary**. Do you have someone in mind?
새 비서가 필요한데요. 떠오르는 사람 있나요?

Please talk to my **secretary**.
제 비서와 이야기하시기 바랍니다.

비서 → ☐☐☐☐☐☐☐☐☐

per-

1. 완전히, 끝까지 2. 통해서(through)

야구 경기에서는 투수가 1회부터 9회까지 공을 던지는 동안 안타나 홈런 없이 완벽하게 상대팀을 제압했을 때 perfect라는 표현을 사용해요. per는 '완전히', '끝까지'의 의미를 담고 있어요. 또, 완전한 상태는 한 순간에 만들어지는 것이 아니라 노력의 과정을 거쳐야 하기 때문에 '통해서'라는 의미도 가지고 있죠.

perfect [pə́:rfikt]

per(완전히) **+ fect**(= **fec** 만들다) → 완전하게 만드는

형 완전한, 완벽한　명 perfection 완벽, 완성

The weather is **perfect** for playing outside.
날씨가 밖에서 놀기에 더할 나위 없이 좋다.

She speaks **perfect** English.
그녀는 완벽한 영어를 한다.

완전한 → | p | e | r | | | |

perform [pərfɔ́:rm]

per(완전히) **+ form**(형식) → 완전한 형식을 갖추어 하다

동 (임무 등을) 수행하다, (무대를 갖추어) 공연하다
명 performance 수행, 공연

Smartphones can **perform** many tasks at once.
스마트폰은 많은 업무를 한꺼번에 수행할 수 있다.

The play was first **performed** in 2001.
그 연극은 2001년에 처음 공연되었다.

수행하다 → | | | | | | | |

persist [pə:rsíst]

per(끝까지) **+ sist**(= **stand** 서다) → 끝까지 서 있다

동 (어려움에도 불구하고) 지속하다, 고집하다　명 persistence 지속, 고집

He **persisted** in his search for the truth.
그는 진실 찾기를 지속했다.　*search: 검색, 찾기

I don't know why he **persists** in this.
나는 그가 왜 이것을 고집하는지 모르겠다.

지속하다 → | | | | | | | |

perfume [pərfjú:m]

per(통해서) **+ fume**(증기, 연기) → 연기가 두루두루 통하는 것

명 향수, 향기

She wears too much **perfume**.
그녀는 향수를 너무 많이 뿌린다.

What did the **perfume** smell like?
그 향수의 향은 어땠나요?

향수 → | | | | | | | |

Fun Quiz

Activity ❶ 다음 어원의 의미를 생각하며 단어를 완성한 후 단어와 관련된 그림과 뜻을 연결하세요.

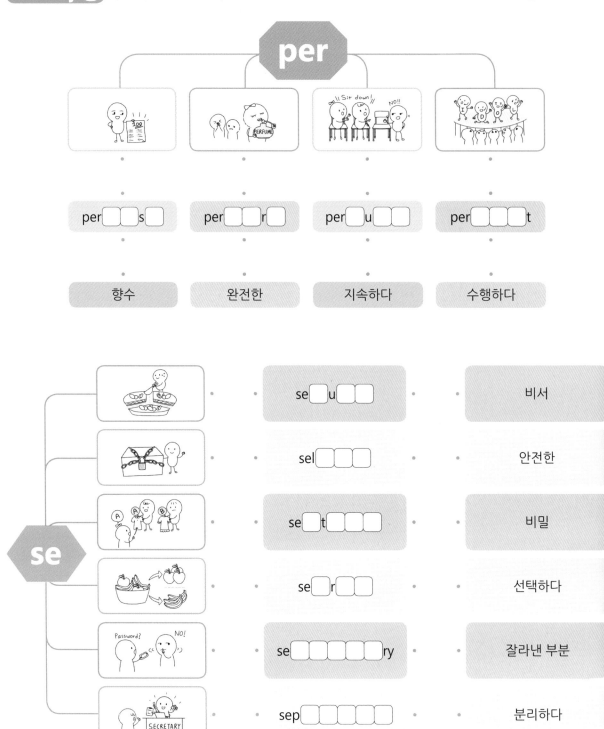

다음 문장의 빈칸에 알맞은 단어를 보기 에서 골라 적고, 퍼즐을 완성해 보세요.

보기   perfume   secretary   select   separate   persist

[가로]
❶ Please talk to my _____.

제 비서와 이야기하시기 바랍니다.

❷ She wears too much _____.

그녀는 향수를 너무 많이 뿌린다.

[세로]
❸ Bananas must be kept _____ from apples.

바나나는 사과와 분리해서 보관되어야 한다.

❹ It's not easy to _____ the best book for kids.

아이들에게 가장 좋은 책을 고르기는 쉽지 않다.

❺ He _____ed in his search for the truth.

그는 진실 찾기를 지속했다.

다음 문장의 ☐ 에 알맞은 단어의 철자를 쓰고, 번호대로 철자를 적어 하나의 단어를 완성하세요.

1 He cut the pie into three ☐②☐☐☐☐☐s. 그는 파이를 세 조각으로 나누었다.

2 The future of your job looks ☐☐③☐☐☐. 당신 직업의 미래는 안전해 보인다.

3 You have to keep this ☐①☐☐☐☐☐. 당신은 이 비밀을 지켜야 합니다.

4 The weather is ☐☐☐☐⑤☐⑥ for playing outside. 날씨가 밖에서 놀기에 더할 나위 없이 좋다.

5 Smartphones can ☐☐☐④☐☐☐ many tasks at once.

스마트폰은 많은 업무를 한꺼번에 수행할 수 있다.

➡ ①☐ ②☐ ③☐ ④☐ ⑤☐ ⑥☐ = ☐

com-, con- 함께(with, together) / tele- 멀리

com-, con-

함께(with, together)

두 가수가 콜라보(collabo)했다는 말을 들어본 적이 있나요? '협력'이라는 뜻의 콜라보는 collaboration의 줄임말로 '함께 (com)'와 '작업(labor)'이 결합된 단어예요. '함께'라는 의미를 나타내는 com은 뒤에 오는 글자에 따라 con, col로 형태가 바뀌기도 해요.

---

company [kʌ́mpəni]

com(함께) + **pany**(= **bread** 빵) ➡ 함께 빵을 먹는[만드는] 사람

명 교제, 사귐, 친구, 동료, 회사

Don't keep **company** with such a friend.
그런 친구와 교제를 계속하지 마세요.

He joined the **company** in 2018.
그는 2018년에 그 회사에 입사했다.

교제 ➡ | c | o | m | | | |

computer [kəmpjú:tər]

com(함께) + **put**(놓다) + **er** → (수많은 정보와 기능을) 함께 놓는 것

명 컴퓨터

He spends too much time on **computer** games.
그는 컴퓨터 게임에 너무 많은 시간을 쓴다.

The **computer** helps him a lot.
그는 컴퓨터의 도움을 많이 받는다.

컴퓨터 ➡

compose [kəmpóuz]

com(함께) + **pose**(= **put** 놓다) → 함께 조립해서 놓다, 글자들을 함께 놓다, 음표들을 함께 놓다

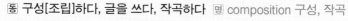

동 구성[조립]하다, 글을 쓰다, 작곡하다   **명** composition 구성, 작곡

The team is **composed** of 12 players.
그 팀은 12명의 선수들로 구성되어 있다.

She **composed** all of the songs on the album.
그녀는 그 앨범의 모든 곡을 작곡했다.

구성하다 ➡

contest [kántest]

con(함께) + **test**(시험) → 함께 시험을 보는 것

명 경연, 경기, 경쟁, 논쟁

I wanted to dance in the **contest**, but I didn't.
나는 경연대회에서 춤추고 싶었지만, 하지 않았다.

The **contest** is open to everyone.
그 경기에는 누구나 참가할 수 있습니다.

경연 ➡ | c | o | n | | | |

concert [kánsə(:)rt]

con(함께) + **cert**(정하다) → 함께 정해서 (연주하기)

명 연주회, 콘서트

I have a **concert** every year.
나는 매년 콘서트를 한다.

I enjoyed the music in the **concert** hall.
나는 콘서트홀에서 그 음악을 감상했다.

연주회 ➡

collect [kəlékt]

col(= com 함께) + lect(= choose 고르다) → 함께 고르다

동 모으다, 수집하다 명 collection 수집, 전시회

His hobby is **collecting** coins.
그의 취미는 동전 모으기이다.

What does he like to **collect**?
그는 무엇을 모으기 좋아하나요?

모으다 → | c | o | l | | | | |

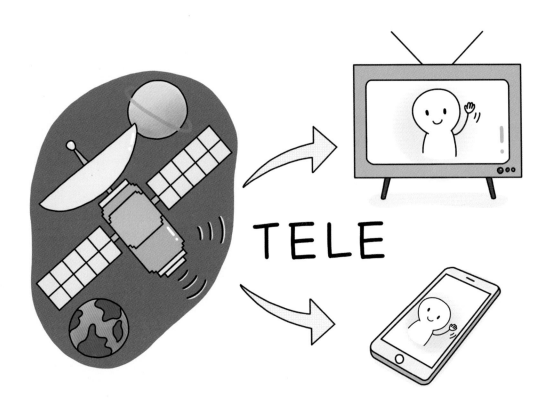

tele-
멀리

서로 볼 수 없는 먼 곳에 있는 두 사람이 같은 생각이나 행동을 할 때 우리는 흔히 텔레파시(telepathy)가 통했다고 하지요. telepathy는 멀리(tele) 있는 마음(pathy)이 통했다는 뜻을 담고 있어요. television, telephone도 먼 거리에 있는 사람에게 영상이나 음성을 전달하기 때문에 tele라는 표현이 쓰였답니다.

telephone [téləfòun]

tele(멀리) + phone(소리) → 소리를 멀리 전하는 것

명 전화(기), 통화

She answered the **telephone**.
그녀는 전화를 받았다.

This **telephone** is broken.
이 전화기는 고장 났다.

전화 → | t | e | l | e | | | | | |

television [téləvìʒən]

tele(멀리) + vis(보다) + ion → 멀리 있는 상황을 (영상으로) 보는 것

명 텔레비전, TV

I watched the soccer game on the **television**.
나는 텔레비전으로 축구 시합을 보았다.

Could you please turn up that **television**?
그 텔레비전 소리 좀 키워주시겠어요?

텔레비전 → | | | | | | | | | | |

telepathy [təlépəθi]

tele(멀리) + pathy(= feeling 감정) → 감정을 멀리 전함

명 텔레파시, 정신 감응

Do you believe in **telepathy**?
당신은 텔레파시를 믿나요?

If I could use **telepathy**, I would read your mind.
만약 내가 텔레파시를 쓸 수 있다면, 당신의 마음을 읽을 거예요.

텔레파시 → | | | | | | | | |

telescope [téləskòup]

tele(멀리) + scope(범위, 영역) → 멀리 있는 범위까지 보는 것

명 망원경

I looked at the moon through a **telescope**.
나는 망원경으로 달을 보았다.　　*through: ~을 통과하여

I searched Mars with my **telescope**.
나는 망원경으로 화성을 찾았다.　　*Mars: 화성

망원경 → | | | | | | | | | |

Fun Quiz

Activity 1 다음 어원의 의미를 생각하며 단어를 완성한 후 단어와 관련된 그림과 뜻을 연결하세요.

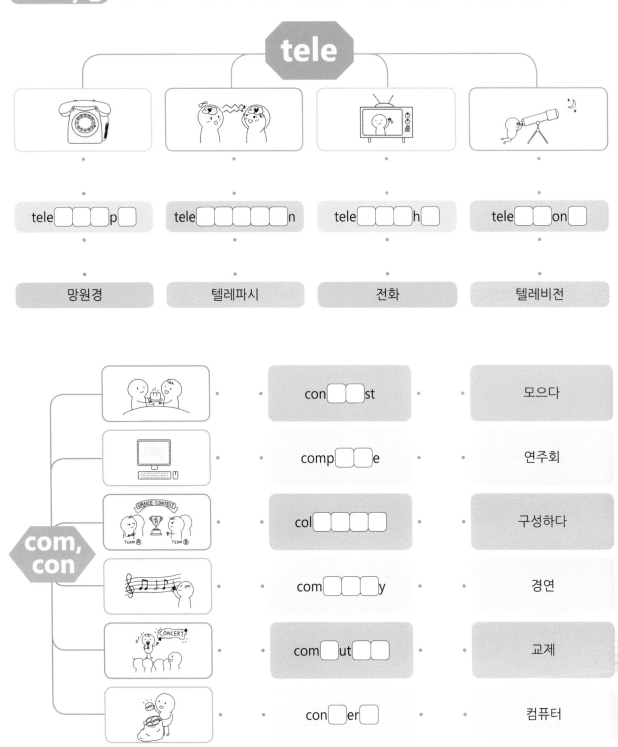

tele

tele☐☐☐p☐☐

tele☐☐☐☐☐n

tele☐☐☐h☐

tele☐☐on☐

망원경

텔레파시

전화

텔레비전

com, con

con☐☐st

comp☐☐e

col☐☐☐☐

com☐☐☐y

com☐ut☐☐

con☐er☐

모으다

연주회

구성하다

경연

교제

컴퓨터

다음 문장의 빈칸에 알맞은 단어를 보기 에서 골라 적고, 단어를 찾아 표시하세요.

보기　compose　　company　　collect　　computer　　contest　　concert

1 What does he like to _____?
그는 무엇을 모으기 좋아하나요?

2 I have a _____ every year.
나는 매년 콘서트를 한다.

3 Don't keep _____ with such a friend.
그런 친구와 교제를 계속하지 마세요.

4 He spends too much time on _____ games.
그는 컴퓨터 게임에 너무 많은 시간을 쓴다.

5 The team is _____d of 12 players.
그 팀은 12명의 선수들로 구성되어 있다.

6 The _____ is open to everyone.
그 경기에는 누구나 참가할 수 있습니다.

C	P	N	A	S	R	M	C	O	E	R	O
E	O	R	T	S	E	T	N	O	C	C	S
O	T	C	O	N	L	L	N	P	Y	M	A
S	N	L	P	Y	C	E	C	O	N	R	M
R	C	T	M	R	O	R	Y	C	S	E	N
C	O	L	L	E	C	T	O	Y	T	T	A
P	M	O	L	S	N	M	A	R	S	U	L
Y	P	R	C	E	P	Y	E	L	C	P	E
N	O	M	S	A	Y	C	A	M	O	M	L
A	S	P	N	R	N	S	Y	L	T	O	C
M	E	Y	R	O	L	O	P	C	R	C	O
C	T	E	C	O	M	C	L	L	P	S	L

Activity 3 다음 철자를 알맞은 순서대로 배열하여 문장의 빈칸에 쓰세요.

1 **tieslivneo** → Could you please turn up that _____?
그 텔레비전 소리 좀 키워주시겠어요?

2 **stceolepe** → I looked at the moon through a _____.
나는 망원경으로 달을 보았다.

3 **ptealthye** → Do you believe in _____?
당신은 텔레파시를 믿나요?

4 **tepleenho** → She answered the _____.
그녀는 전화를 받았다.

Unit 15

uni- 하나(one) / trans- 이동, 변화

uni-

하나(one)

중세 신화에 등장하는 유니콘(unicorn)은 뿔이 한 개인 동물인데요. unicorn은 '하나'를 의미하는 uni와 '뿔'을 의미하는 corn이 결합된 단어예요.

---

uniform [júːnəfɔ̀ːrm]

uni(하나) + form(형태) ➡ 모두가 하나의 형태를 이룸

명 유니폼, 제복

He is wearing a **uniform**.
그는 유니폼을 입고 있다.

I think students should wear a school **uniform**.
나는 학생은 교복을 입어야 한다고 생각한다.

유니폼 ➡ | u | n | i | | | |

union [júːnjən]

uni(하나) + on → (여럿이) 하나를 이룸

몡 단체, 연합, 결합

I will join the **union**.
나는 그 단체에 가입할 것이다.

I'm in the students' **union**.
나는 학생회 소속이다.

단체 →

unique [juːníːk]

uni(하나) + que → (세상에) 하나뿐인

혱 특별한, 유일한

Each person's fingerprint is **unique**.
각 사람의 지문은 유일무이하다.   *fingerprint: 지문

He is not my type. He's very **unique**.
그는 내 타입이 아니다. 그는 아주 특이하다.

특별한 →

unit [júːnit]

uni(하나) + t → 하나

몡 단위, 한 개

The basic **unit** of society is the family.
사회의 기본 구성단위는 가족이다.   *society: 사회

What's the **unit** cost of each bag?
각 가방의 단가가 어떻게 되나요?   *cost: 가격

단위 →

unite [juːnáit]

uni(하나) + te → 하나로 만들다

통 결합하다, 통합하다, 합병[합체]하다

The two groups **united** to defeat their common enemy.
두 집단은 공통의 적을 무찌르기 위해 결합했다.   *defeat: 무찌르다 *enemy: 적

Do you want the two Koreas to be **united**?
당신은 남북통일을 원합니까?

결합하다 →

unify [júːnəfài]

uni(하나) + fy(~으로 되다) → 하나로 되다

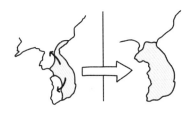

동 통일하다, 통합하다 명 unification 통일, 통합

Shilla **unified** the three Kingdoms.
신라가 삼국을 통일했다. *kingdom: 왕국

The new president hopes to **unify** the country.
새 대통령은 국가를 통합하기를 희망한다. *president: 대통령

통일하다 ➡ ☐☐☐☐☐

trans-
이동, 변화

영화 <트랜스포머(Transformers)>에는 변신(trans)하는 로봇이 등장하죠.
trans는 '이쪽에서 저쪽으로 이동한다'는 의미를 담고 있는데, '이동'과 함께
'변화[변신]'의 의미도 가지고 있어요.

transfer [trænsfə́:r]

trans(이동) + fer(옮기다) → 이동해서 (다른 곳으로) 옮기다

동 옮기다, 갈아타다, 전학 가다

Transfer to Line No. 1 at Seoul Station.
서울역에서 1호선으로 갈아타세요.

She **transferred** from Seoul Elementary School to Busan Elementary School. 그녀는 서울초등학교에서 부산초등학교로 전학 갔다.

옮기다 →

translate [trænsléit]

trans(이동) + late(= carry 옮기다) → (다른 언어로) 이동해서 옮기다

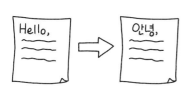

동 번역하다, 해석하다 명 translation 번역

She **translated** the letter into Korean.
그녀는 그 편지를 우리말로 번역했다.

Are you able to **translate** Korean into Japanese?
한국어를 일본어로 번역할 수 있나요?

번역하다 →

transplant [trænsplǽnt]

trans(이동) + plant(식물, 심다) → 식물을 다른 곳으로 이동해서 심다

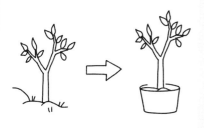

동 옮겨 심다, 이식하다 명 이전, 이식

I have to **transplant** the tree.
나는 그 나무를 옮겨 심어야 한다.

She needs a heart **transplant**.
그녀는 심장 이식이 필요하다.

옮겨 심다 →

transform [trænsfɔ́:rm]

trans(변화) + form(모양, 형태) → 모양이나 형태가 변하다

동 바꾸어 놓다, 변화시키다 명 transformation 전환, 변화

The dress **transformed** her.
그 드레스가 그녀를 바꾸어 놓았다.

The event **transformed** my life.
그 사건은 내 삶을 바꿔 놓았다.

바꾸어 놓다 →

Activity 1 다음 어원의 의미를 생각하며 단어를 완성한 후 단어와 관련된 그림과 뜻을 연결하세요.

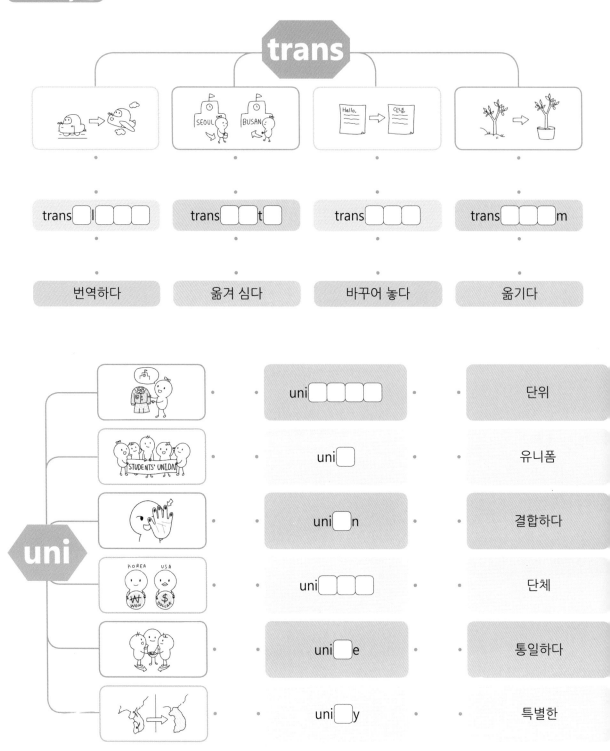

trans

trans☐l☐☐☐   trans☐☐t☐   trans☐☐☐   trans☐☐☐m

번역하다   옮겨 심다   바꾸어 놓다   옮기다

uni

uni☐☐☐☐   단위

uni☐   유니폼

uni☐n   결합하다

uni☐☐☐   단체

uni☐e   통일하다

uni☐y   특별한

Activity 2 다음 문장의 빈칸에 알맞은 단어를 보기 에서 골라 적고, 퍼즐을 완성해 보세요.

> 보기   transform   unique   union   translate   transfer

[가로]
❶ The dress _____ed her.

그 드레스가 그녀를 바꾸어 놓았다.

❷ Each person's fingerprint is _____.

각 사람의 지문은 유일무이하다.

[세로]
❸ _____ to Line No. 1 at Seoul Station.

서울역에서 1호선으로 갈아타세요.

❹ I will join the _____.

나는 그 단체에 가입할 것이다.

❺ Are you able to _____ Korean into Japanese?

한국어를 일본어로 번역할 수 있나요?

Activity 3 다음 문장의 ☐에 알맞은 단어의 철자를 쓰고, 번호대로 철자를 적어 하나의 단어를 완성하세요.

He is wearing a ☐①☐☐☐☐☐☐. 그는 유니폼을 입고 있다.

The basic ☐②☐☐☐ of society is the family. 사회의 기본 구성단위는 가족이다.

The two groups ☐☐☐☐⑤☐d to defeat their common enemy.

두 집단은 공통의 적을 무찌르기 위해 결합했다.

The new president hopes to ☐☐☐③☐☐ the country. 새 대통령은 국가를 통합하기를 희망한다.

I have to ☐☐☐☐☐☐☐☐④☐ the tree. 나는 그 나무를 옮겨 심어야 한다.

➡ ☐①☐②☐③☐④☐⑤ = ☐☐☐☐☐☐☐

115

bi-, twi- 둘(two) / tri- 셋(three)

bi-, twi-

둘(two)

네발자전거를 타다 처음으로 두발자전거를 탔을 때 두려웠던 기억이 있을 거예요. 두발자전거는 두 개(bi)의 바퀴가 순환(cycle)하기 때문에 bicycle 이라고 해요. 지금 이 책을 공부하고 있는 여러분은 국어와 영어 두 개 언어를 할 수 있기 때문에 '여러 언어에 능한 사람', '언어학자'를 의미하는 linguist에 bi를 붙인 bilinguist(두 개 언어를 사용하는 사람)라고 할 수 있겠죠! bi와 함께 twi도 '둘'을 의미해요.

---

bicycle [báisikl]

bi(둘) **+ cycle**(사이클, 순환) ➡ 두 개의 바퀴가 도는 것

몡 (두발)자전거

He likes to ride his **bicycle**.
그는 자전거 타는 것을 좋아한다.

The man locked his **bicycle** to a tree.
그 남자는 자기 자전거에 자물쇠를 채워 나무에 매었다.

자전거 ➡ | b | i | | | | | |

---

bimonthly [baimʌ́nθli]

bi(둘) + **month**(월) + **ly** → 두 달에 (한 번씩)

(부) 격월로, 두 달에 한 번으로

The book is published **bimonthly**.
그 책은 두 달에 한 번 발행된다.　*publish: 출판[발행]하다

He gets paid **bimonthly**.
그는 격월로 급여를 받는다.

격월로 →

twice [twais]

twi(둘) + **ce** → 둘

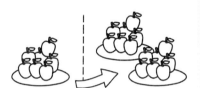

(부) 두 번, 두 배로

I go there **twice** a month.
나는 그곳에 한 달에 두 번 간다.

He eats **twice** as much as me.
그는 나보다 두 배 더 먹는다.

두 번 → t w i

twin [twin]

twi(둘) + **n** → 둘

(명) 쌍둥이 중의 한 명, 한 쌍의 한 쪽　(형) 쌍둥이의, 한 쌍의

Minsu and Minho are **twins**.
민수와 민호는 쌍둥이이다.

I want to reserve a **twin** room.
나는 트윈룸[침대가 2개인 방]을 예약하고 싶습니다.　*reserve: 예약하다

쌍둥이 중의 한 명 →

twist [twist]

twi(둘) + **st** → 두 가닥

(동) 비틀다, 꼬다　(명) (손으로) 돌리기, 비틀기

She **twisted** the wet towel.
그녀는 젖은 수건을 비틀었다[짰다].

He gave the lid another **twist** and it came off.
그가 뚜껑을 한 번 더 돌리자 그 뚜껑이 열렸다.　*lid: 뚜껑　*come off: (~에서) 떨어지다

비틀다 →

tri-
셋(three)

앞서 bi와 twi가 '둘'을 의미한다고 배웠는데요. tri는 '셋'을 말해요. triangle(삼각형), trio(3인조), tricycle(세발자전거) 등 tri로 시작하는 단어들은 모두 '세 개의'라는 의미를 포함하고 있어요.

---

triangle [tráiæŋgl]

tri(셋) + angle(각) → 각이 3개인 (도형)

명 삼각형, (악기) 트라이앵글

He drew a **triangle** on the paper.
그는 종이 위에 삼각형을 그렸다.

She played the **triangle**.
그녀는 트라이앵글을 연주했다.

삼각형 → | t | r | i | | | | |

trio [trí:ou]

tri(셋) + **o** → 셋

명 삼중주[창], 트리오, 3인조

They are playing as a **trio**.
그들은 삼중주로 연주를 하고 있다.

The Kim **Trio** will hold concerts in Daejeon.
김 트리오가 대전에서 콘서트를 할 예정이다.　　　*hold: 개최하다, 열다

삼중주 ➡

tribe [traib]

tri(셋) + **be**(있다) → 로마시대에 3개의 부족이 있었던 역사에서 유래됨

명 부족, 집단

The **tribe** died off.
그 부족은 멸망했다.　　　*die off: 소멸되다

The **tribe** came from Africa.
그 부족은 아프리카에서 건너왔다.

부족 ➡

tricycle [tráisikl]

tri(셋) + **cycle**(사이클, 순환) → 세 개의 바퀴가 도는 것

명 세발자전거

I like to ride a **tricycle**.
나는 세발자전거 타는 것을 좋아한다.

I'll give my son a **tricycle** for his third birthday.
나는 아들의 세 번째 생일에 세발자전거를 줄 것이다.

세발자전거 ➡

triple [trípl]

tri(셋) + **ple**(= **fold** 접다) → 세 겹으로 접다

명 3배의 수, (야구의) 삼루타 형 세 배의, 세 겹의

He hit a **triple**.
그는 (야구) 삼루타를 쳤다.

He won a **triple** crown in the 100 meter, 200 meter and 400 meter
races. 그는 100미터, 200미터, 400미터 경주에서 우승해서 삼관왕을 차지했다.

3배의 수 ➡

Activity ❶ 다음 어원의 의미를 생각하며 단어를 완성한 후 단어와 관련된 그림과 뜻을 연결하세요.

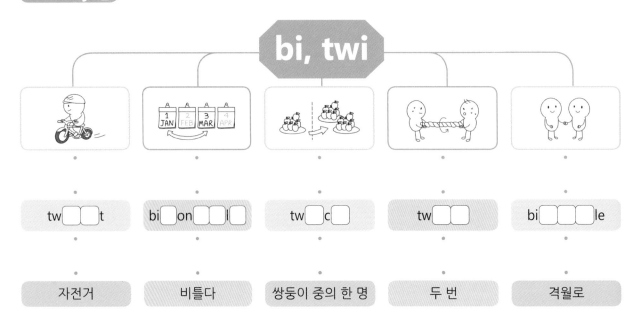

bi, twi

tw◯◯t	bi◯on◯◯l	tw◯c◯	tw◯◯	bi◯◯◯le

| 자전거 | 비틀다 | 쌍둥이 중의 한 명 | 두 번 | 격월로 |

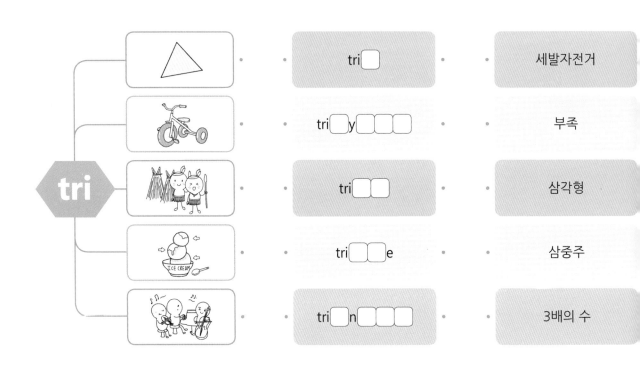

tri

tri◯	세발자전거
tri◯y◯◯◯	부족
tri◯◯	삼각형
tri◯◯e	삼중주
tri◯n◯◯◯	3배의 수

120

보기   bimonthly   twice   bicycle   twin   twist

1 She _____ed the wet towel.

그녀는 젖은 수건을 짰다.

2 The book is published _____.

그 책은 두 달에 한 번 발행된다.

3 Minsu and Minho are _____s.

민수와 민호는 쌍둥이이다.

4 The man locked his _____ to a tree.

그 남자는 자기 자전거에 자물쇠를 채워 나무에 매었다.

5 I go there _____ a month.

나는 그곳에 한 달에 두 번 간다.

I	W	Y	C	L	N	E	W	Y	S
T	Y	I	B	N	I	I	L	W	T
W	C	L	O	M	W	H	T	L	Y
I	W	H	E	C	T	N	S	O	T
S	N	Y	L	N	E	H	S	N	W
T	I	B	O	S	N	T	W	O	L
C	O	M	I	M	C	S	H	L	S
Y	I	W	B	I	C	Y	C	L	E
B	H	M	W	B	I	H	S	E	B
W	B	C	O	E	C	I	W	T	H

1 **orti** → They are playing as a _____.

그들은 삼중주로 연주를 하고 있다.

2 **tbeir** → The _____ came from Africa.

그 부족은 아프리카에서 건너왔다.

3 **aglenrit** → He drew a _____ on the paper.

그는 종이 위에 삼각형을 그렸다.

4 **ietryccl** → I'll give my son a _____ for his third birthday.

나는 아들의 세 번째 생일에 세발자전거를 줄 것이다.

5 **etripl** → He hit a _____.

그는 삼루타를 쳤다.

Unit 17

de- 분리, 떼어내다(off, away from) /
multi- 많은(many)

de-

분리, 떼어내다(off, away from)

KTX나 비행기 티켓을 보면 출발지 밑에 작은 글씨로 departure라고 적혀 있어요. 이 단어는 '출발'이라는 뜻인데, '출발'은 현재 있는 장소에서 몸(part, 부분)을 분리(de)시켜 다른 곳으로 이동하는 것을 의미해요. '분리'를 나타내는 어원 de는 di로 변형되어 쓰이기도 해요.

---

design [dizáin]   **de**(분리) + **sign**(표시, 기호) ➔ (머릿속 생각들을) 분리해서 (밖으로) 표시하다

통 설계하다, 디자인하다 명 설계도, 디자인

I **designed** that car.
내가 저 차를 디자인했다.

The book will be published with a new cover **design**.
그 책은 새로운 표지 디자인으로 출판될 예정이다.

설계하다 ➔ | d | e | | | | |

122

depart [dipáːrt]

de(분리) + **part**(부분) ➔ 부분을 분리시켜 (밖으로 내보내다)

[동] 출발하다, 떠나다 [명] departure 떠남, 출발

I **departed** from Busan for Seoul.
나는 부산에서 출발해서 서울로 갔다.

He **departed** his job on August 12th.
그는 8월 12일자로 직장을 떠났다[그만두었다].

출발하다 ➔

department [dipáːrtmənt]

de(분리) + **part**(부분) + **ment** ➔ (전체를) 부분으로 분리

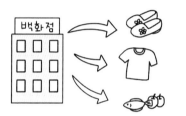

[명] 부서, (대학의) 학과, (상품별) 매장

He works in the sales **department**. 그는 영업부에서 근무하고 있다.
I will meet her at the **department** store.
나는 그녀를 백화점에서 만날 것이다.

*department store: 백화점(각각의 분리된 상점[부서]들이 모여 있는 곳)

부서 ➔

detach [ditǽtʃ]

de(분리) + **tach**(= attach 붙이다) ➔ 붙여진 것을 분리시키다

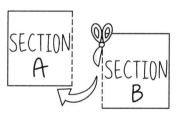

[동] 떼어내다, (군인 등을) 파견하다 [반] attach 붙이다

Detach section A from section B of the form.
양식의 B 부분에서 A 부분을 떼어내세요.

Don't forget to **attach** the file.
그 파일을 첨부하는 것을 잊지 마세요.

떼어내다 ➔

delete [dilíːt]

de(분리) + **lete**(= wipe 닦다) ➔ 분리해서 닦아내다

[동] 삭제하다, 지우다

Don't **delete** the file.
그 파일을 삭제하지 마세요.

Delete her name from the list of members.
그녀의 이름을 회원 명부에서 삭제하세요.

삭제하다 ➔

| **delay** [diléi] | **de**(떼어내다) + **lay**(놓다) → (일정을) 떼어내서 놓다 |

통 연기하다, 지체하다 명 지연, 지체

We need to **delay** our decision for a day.
우리는 결정을 하루 연기할 필요가 있다.   *decision: 결정

We don't have time for a **delay**.
우리는 지체할 시간이 없다.

연기하다 → ▯▯▯▯▯

| **divide** [diváid] | **di**(= **de** 분리) + **vide**(나누다) → 분리해서 나누다 |

통 나누다, 분할하다 명 division 분할, 나눗셈

Let's **divide** this cake into four.
이 케이크를 네 조각으로 나누자.

18 **divided** by 3 equals 6.
18 나누기 3은 6이다.

나누다 → | d | i | | | |

multi-
많은(many)

20년 전에는 영화관에 스크린이 1개뿐이었어요. 하지만 요즘 영화관에는 여러 개의 스크린이 있어서 내가 좋아하는 영화를 골라서 볼 수 있죠. 이렇게 스크린이 여러 개인 영화관을 멀티플렉스(multiplex)라고 하죠. multi의 의미는 '많은'이에요.

multiplayer [mʌltipléiər]

multi(많은) + **player**(활동하는 사람) → 많은 사람이 (동시에) 활동할 수 있는

형 멀티플레이어의(동시에 여럿이 참가할 수 있는 컴퓨터 게임의)

She likes to play **multiplayer** games.
그녀는 멀티플레이어 게임들을 하는 것을 좋아한다.

It's a **multiplayer** online role-playing game.
그것은 온라인 롤플레잉 멀티플레이어 게임이다.

멀티플레이어의 ➡ | m | u | l | t | i | | | | | |

multicultural [mʌltikʌ́ltʃərəl]

multi(많은) + **cultur**(= culture 문화) + **al** → 많은 문화가 있는

형 다문화의, 여러 문화가 공존하는

We live in a **multicultural** country.
우리는 다문화 국가에서 살고 있다.

There are many **multicultural** families in America.
미국에는 많은 다문화 가정이 있다.

다문화의 ➡ | | | | | | | | | | | |

multimedia [mʌltimíːdiə]

multi(많은) + **media**(방송 매체) → 많은 매체

형 다중 매체의, 멀티미디어의

★**멀티미디어**: 문자, 소리, 영상 등 시청각 매체 중 2개 이상 여러 개를 합해 만든 것, 또는 그것을 디지털 형식으로 표현하거나 전달하는 것

Multimedia systems include video and sound.
멀티미디어 시스템은 영상과 소리를 포함한다.

A smartphone is a **multimedia** device.
스마트폰은 멀티미디어 장치이다.   *device: 장치

다중 매체의 ➡ | | | | | | | | | | |

Activity ① 다음 어원의 의미를 생각하며 단어를 완성한 후 단어와 관련된 그림과 뜻을 연결하세요.

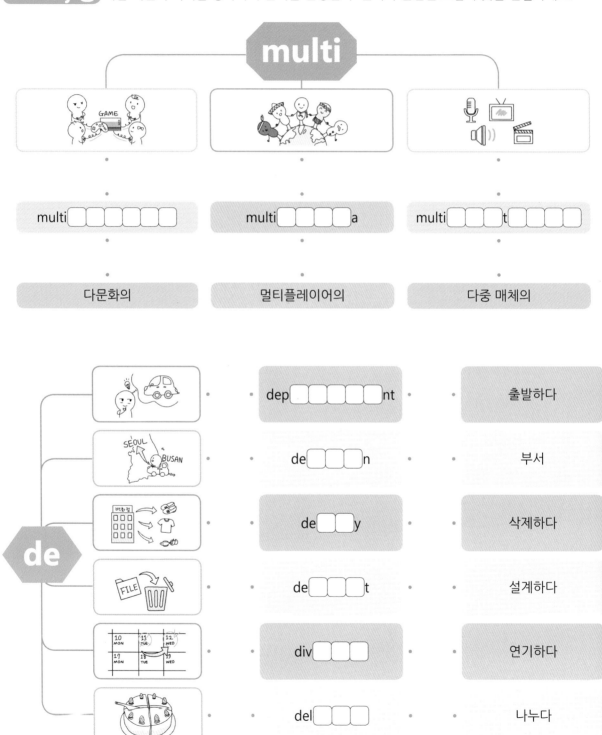

multi

multi☐☐☐☐☐
다문화의

multi☐☐☐☐a
멀티플레이어의

multi☐☐☐t☐☐☐☐
다중 매체의

de

dep☐☐☐☐☐nt · · 출발하다

de☐☐☐n · · 부서

de☐☐y · · 삭제하다

de☐☐☐t · · 설계하다

div☐☐☐ · · 연기하다

del☐☐☐ · · 나누다

다음 문장의 빈칸에 알맞은 단어를 보기 에서 골라 적고, 퍼즐을 완성해 보세요.

보기　　multimedia　　delay　　divide　　delete　　depart

[가로]

❶ _____ systems include video and sound.

멀티미디어 시스템은 영상과 소리를 포함한다.

❷ We need to _____ our decision for a day.

우리는 결정을 하루 연기할 필요가 있다.

[세로]

❸ Don't _____ the file.

그 파일을 삭제하지 마세요.

❹ Let's _____ this cake into four.

이 케이크를 네 조각으로 나누자.

❺ I _____ed from Busan for Seoul.

나는 부산에서 출발해서 서울로 갔다.

다음 문장의 ☐에 알맞은 단어의 철자를 쓰고, 번호대로 철자를 적어 하나의 단어를 완성하세요.

I ☐☐☐☐☐☐ed that car. 내가 저 차를 디자인했다.

He works in the sales ☐☐☐☐☐☐☐☐☐☐. 그는 영업부에서 근무하고 있다.

☐☐☐☐☐☐ section A from section B of the form. 양식의 B 부분에서 A 부분을 떼어내세요.

She likes to play ☐☐☐☐☐☐☐☐☐☐☐ games.

그녀는 멀티플레이어 게임들을 하는 것을 좋아한다.

We live in a ☐☐☐☐☐☐☐☐☐☐☐☐☐☐ country. 우리는 다문화 국가에서 살고 있다.

➜ ☐☐☐☐☐☐ = ☐☐☐☐☐☐☐☐☐

inter- 사이(between), 서로 간에 /
super-, sur- 넘어, 위에, 초월

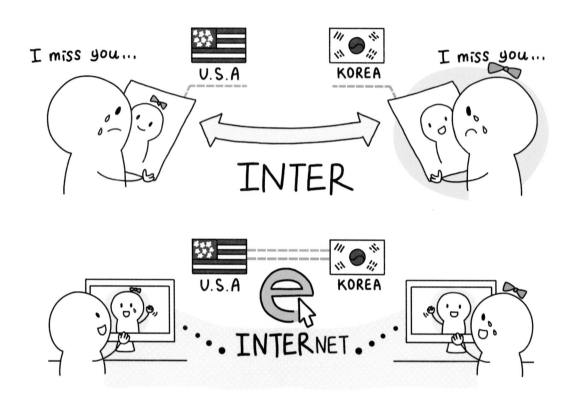

inter-
사이(between), 서로 간에

우리나라와 미국 대통령이 정상 회담을 할 때 보면 대통령 뒤에서 상대방 나라의 언어를 통역하는 사람이 있어요. '통역가'는 서로 다른 언어를 사용하는 두 사람 사이(inter)를 연결해준다고 해서 interpreter라고 하죠. Internet 또한 정보 통신망으로 세계 여러 나라 사람들 사이(inter)를 연결해줘요.

---

interview [íntərvjùː]

inter(서로 간에) + **view**(보다) → 서로 마주 보다

명 면접, 인터뷰

I have an **interview** on Wednesday.
나는 수요일에 면접이 있다.

The **interview** was on live radio.
그 인터뷰는 라디오 생방송이었다.

면접 → i n t e r ☐ ☐ ☐ ☐

Internet [íntərnèt]

inter(서로 간에) + net(그물) → 서로를 그물로 (연결)

명 인터넷(전 세계의 컴퓨터를 연결하는 통신망)

The number of **Internet** users is growing.
인터넷 사용자 수가 증가하고 있다.

You can buy almost anything on the **Internet**.
당신은 인터넷에서 거의 모든 것을 살 수 있다.

인터넷 ➡ ☐☐☐☐☐☐☐☐

interact [ìntərǽkt]

inter(서로 간에) + act(행동하다) → 서로 간에 행동하다

통 교류하다, 소통하다 **명** interaction 상호 작용

I **interact** with many people every day.
나는 매일 많은 사람과 교류한다.

Trained tigers **interact** with the performers.
훈련된 호랑이들은 연기자들과 소통한다.　*performer: 공연가, 연기자

교류하다 ➡ ☐☐☐☐☐☐☐☐

interval [íntərvəl]

inter(사이) + val(성벽) → 성벽 사이의 공간

명 간격, 사이, (연극·콘서트의) 휴식 시간

The **interval** between earthquakes might be 5 years.
지진 사이의 간격이 5년이 될 수도 있다.　*earthquake: 지진

There will be an **interval** of 10 minutes after the first act.
1막이 끝나고 나면 10분간의 휴식 시간이 있을 예정입니다.　*act: (연극 등의) 막

간격 ➡ ☐☐☐☐☐☐☐☐

international [ìntərnǽʃənəl]

inter(사이) + nation(국가) + al → 국가 사이의

형 국제적인, 국가 간의

The Olympic Games are an **international** sporting event.
올림픽 게임은 국제적인 스포츠 행사이다.

Do you have an **international** driver's license?
당신은 국제 운전면허증이 있나요?

국제적인 ➡ ☐☐☐☐☐☐☐☐☐☐☐☐☐

interchange [íntərtʃèindʒ]

inter(서로 간에) + change(바꾸다) → 서로 간에 주고받음

명 교환, 인터체인지[입체 교차로]

We need an **interchange** of ideas among the parties.
우리는 단체들 간에 의견을 교환할 필요가 있다.

The traffic accident happened at the **interchange** yesterday.
어제 인터체인지에서 교통사고가 일어났다.

교환 ➡ ☐☐☐☐☐☐☐☐☐☐☐

super-, sur-
넘어, 위에, 초월

우리들의 영원한 영웅 슈퍼맨(superman)은 인간(man) 능력의 한계를 뛰어 넘어(super) 초인적인 능력을 발휘하죠. 복싱이나 배드민턴, 테니스 등 각종 스포츠 대회에 슈퍼 시리즈(super series)라는 단어가 붙는 경우가 종종 있는데, 이는 일반 대회를 뛰어 넘어(super) 더 우수한 선수들이 참가한다는 상징적인 의미를 나타내는 거예요.

superman [súːpərmæn]

super(넘어, 초월) + man(남자 사람) → 사람의 (능력을) 초월하다

명 슈퍼맨, 초인

Superman can do everything.
슈퍼맨은 모든 일을 할 수 있다.

He is not a **superman**.
그는 초인이 아니다.

슈퍼맨 ➡ s u p e r ☐☐☐

superior [supíəriər]

super(위에, 초월) + ior(~보다, 비교) → 다른 무엇보다 위에 있는

형 (~보다 더) 우수한, 보다 나은 명 상관, 선배 반 inferior 열등한

This car is **superior** to the other.
이 차는 다른 차보다 우수하다.

Don't feel **inferior** to your friend.
친구에게 열등감을 느끼지 마세요.

우수한 ➡ ☐☐☐☐☐☐☐☐

superb [supə́:rb]

super(위에, 초월) + b → 위에 있는, 초월하는

형 매우 훌륭한, 최고의

She is a **superb** teacher.
그녀는 매우 훌륭한 선생님이다.

Her concert was **superb**.
그녀의 공연은 최고였다.

매우 훌륭한 ➡ ☐☐☐☐☐☐

survive [sərváiv]

sur(넘어) + vive(살다) → (병을) 뛰어 넘어 살다

동 (남들보다) 더 오래 살다, (병·위기 등에서) 살아남다
명 survival 생존, 살아남기

My grandfather **survived** my grandmother.
할아버지가 할머니보다 더 오래 사셨다.

How did you **survive** the summer without a fan?
어떻게 선풍기도 없이 여름을 견뎠죠?

더 오래 살다 ➡ | S | u | r | ☐ | ☐ | ☐ |

surface [sə́:rfis]

sur(위에) + face(얼굴) → 얼굴의 윗면

명 표면, 외관

We need a flat **surface** to go for a run.
달리기를 하기 위해서는 평평한 표면이 필요하다.　*go for a run: (운동으로) 달리다

He looks only at the **surface** of things.
그는 사물의 외관만 본다.

표면 ➡ ☐☐☐☐☐☐☐

131

Fun Quiz

Activity ① 다음 어원의 의미를 생각하며 단어를 완성한 후 단어와 관련된 그림과 뜻을 연결하세요.

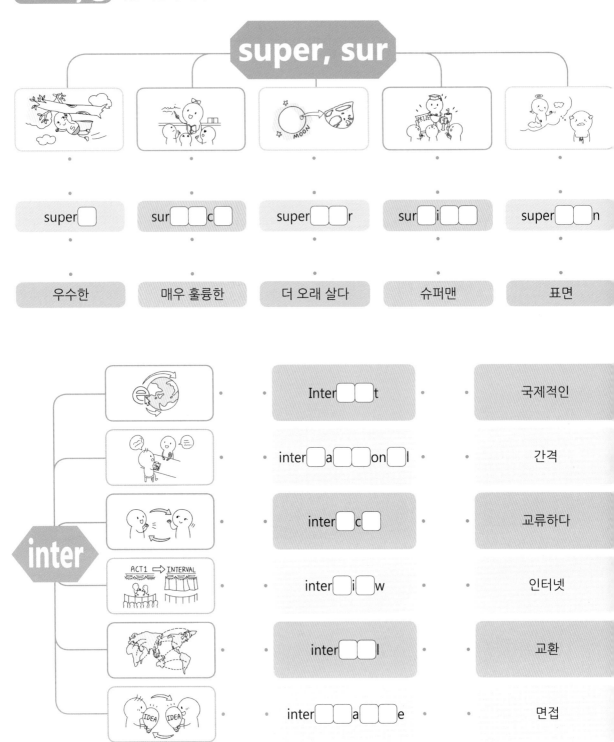

super, sur

| super☐ | sur☐☐c☐ | super☐☐r | sur☐i☐☐ | super☐☐n |

| 우수한 | 매우 훌륭한 | 더 오래 살다 | 슈퍼맨 | 표면 |

inter

Inter☐☐t	국제적인
inter☐a☐☐on☐l	간격
inter☐c☐	교류하다
inter☐i☐w	인터넷
inter☐☐l	교환
inter☐☐a☐☐e	면접

보기   interact   interval   international   Internet   interview   interchange

1 I have an _____ on Wednesday.

나는 수요일에 면접이 있다.

2 We need an _____ of ideas

among the parties.

우리는 단체들 간에 의견을 교환할 필요가 있다.

3 The Olympic Games are an

_____ sporting event.

올림픽 게임은 국제적인 스포츠 행사이다.

4 I _____ with many people every

day. 나는 매일 많은 사람과 교류한다.

5 The number of _____ users is

growing. 인터넷 사용자 수가 증가하고 있다.

6 The _____ between earthquakes

might be 5 years.

지진 사이의 간격이 5년이 될 수도 있다.

I	E	A	I	N	T	W	G	I	W	T	R	A
R	N	V	N	L	G	V	W	L	A	W	T	E
T	I	N	T	E	R	V	I	E	W	E	G	V
A	T	R	E	H	E	T	N	G	N	R	N	R
I	H	E	R	I	N	V	T	R	V	T	I	H
T	L	E	C	W	E	I	E	C	A	G	C	E
G	N	V	H	A	V	T	R	N	I	T	W	L
A	I	T	A	O	N	R	A	L	R	V	G	N
R	V	C	N	I	T	E	C	A	I	E	A	G
E	T	A	G	O	V	A	T	N	O	L	C	V
W	H	V	E	L	A	V	R	E	T	N	I	T
I	N	T	E	R	N	A	T	I	O	N	A	L

Activity 3 다음 철자를 알맞은 순서대로 배열하여 문장의 빈칸에 쓰세요.

afceurs ➡ He looks only at the _____ of things.

그는 사물의 외관만 본다.

sbperu ➡ She is a _____ teacher.

그녀는 매우 훌륭한 선생님이다.

srueprio ➡ This car is _____ to the other.

이 차는 다른 차보다 우수하다.

musperna ➡ _____ can do everything.

슈퍼맨은 모든 일을 할 수 있다.

vurvise ➡ My grandfather _____d my grandmother.

할아버지가 할머니보다 더 오래 사셨다.

Unit 19

solv 풀다, 느슨하게 하다 /
fa, fess 말하다(say, talk)

solv
풀다, 느슨하게 하다

수학 문제가 어려워서 잘 안 풀릴 때 머리를 쥐어짜낸 경험이 있나요? 이럴 때는 머리 속이 복잡해지고 보이지 않는 손이 머리를 꽉 조여 오는 것 같죠. 그러다가 문제를 풀면(solve) 언제 그랬냐는 듯이 기분이 상쾌해져요. 어원 solv는 복잡한 과정을 풀어서 느슨하게 되는 상황을 나타내요.

solve [sɑlv]	**solv**(풀다) + **e** → (문제를) 풀다

통 (문제를) 풀다, 해결하다　명 solution 해결, 용해, 용액

He **solved** the puzzle quickly.
그는 퍼즐을 빨리 풀었다.

What can I do to **solve** this problem?
이 문제를 해결하기 위해 내가 무엇을 할 수 있을까요?

풀다 ➔　s　o　l　v

resolve [rizάlv]	re(다시, 계속) + solv(풀다) + e → (고민을) 계속 풀어서 (결정하다)

통 (문제 등을) 해결하다, 결정[결심]하다 명 resolution 해결, 결정

For that matter, I will **resolve** it.
그 일이라면 내가 해결할 것이다.

I **resolved** to study harder.
나는 공부를 더 열심히 하기로 결심했다.

해결하다 ➡ ☐☐☐☐☐☐☐

dissolve [dizάlv]	dis(= de 분리) + solv(풀다) + e → (고체를) 분리해서 풀다
	→ (조직을) 분리해서 풀다

통 녹이다, 녹다, (조직을) 해산시키다 명 dissolution 융해, 해체, 해산

Sugar **dissolves** in water.
설탕은 물에 녹는다.

Stop trying to **dissolve** the department.
그 부서를 해산시키려는 노력을 중단하세요.

녹이다 ➡ ☐☐☐☐☐☐☐☐

fa, fess

말하다(say, talk)

유년 시절 어머니 품에 안겨 이솝 우화(Aesop's Fables)를 들은 경험 다들 있을 거예요. 우화(fable)는 동물이나 사물을 주인공으로 하여 풍자와 교훈을 전하는 이야기인데요. '말하다'의 의미를 담고 있는 어원 fa에서 유래되었어요. 다음 단어들을 살펴보며 어원 fa의 의미를 느껴보세요.

famous [féiməs]

fa(말하다) + **mous**(= mouth 입) → (사람들이 여기저기) 말해서 (알려진)

형 유명한, 잘 알려진

He wants to be a **famous** singer.
그는 유명한 가수가 되고 싶어 한다.

I didn't know she was so **famous**.
나는 그녀가 그렇게 유명한 줄 몰랐다.

유명한 ➡ | f | a | | | | |

infant [ínfənt]

in(부정) + **fa**(말하다) + **nt**(= ant 사람) → (너무 어려서) 말을 못하는 사람

명 유아, 초심자 형 초창기의, 초기의

I was seriously ill as an **infant**.
나는 유아 때 심하게 아팠다.   *seriously: 심하게

My business is still in its **infant** stage.
내 사업은 여전히 초기 단계에 있다.

유아 ➡ | | | | | | |

fate [feit]

fa(말하다) + **te** → (신이 사람에게) 말하다

명 운명

His **fate** is in my hands.
그의 운명은 내 손 안에 있다.

Her **fate** changed dramatically.
그녀의 운명은 극적으로 바뀌었다.   *dramatically: 극적으로

운명 ➡ | | | | |

fable [féibl]

fa(말하다) + **ble** → (이야기를) 말하다

명 우화, 전설, 꾸며낸 이야기

I like to read Aesop's **Fables**.
나는 이솝 우화 읽기를 좋아한다.

My mother always tells me some **fable**.
어머니는 항상 나에게 우화를 말씀해 주신다.

우화 ➡ | | | | | |

preface [préfis]

pre(미리) + fa(말하다) + ce → (본론 전에) 미리 말하다

명 (책·논설 등의) 서문, 머리말, 서론

He mentioned her name in the **preface**.
그는 서문에서 그녀의 이름을 언급했다.   *mention: 언급하다

I forgot to write a **preface** to the book.
나는 그 책의 서문을 쓰는 것을 깜빡했다.

서문 ➡ ☐☐☐☐☐☐☐

confess [kənfés]

con(함께, 모두) + fess(말하다) → (나의) 모든 것을 말하다

동 고백[자백]하다, 인정하다, 시인하다 명 confession 고백, 자백

He **confessed** that he had stolen the bag.
그는 그 가방을 훔쳤다고 자백했다.

I have one more thing to **confess**.
나는 고백할 게 한 가지 더 있다.

고백하다 ➡ ☐☐ f e s s

professor [prəfésər]

pro(앞) + fess(말하다) + or(사람) → (대학생) 앞에서 말하는 사람

명 교수 동 profess 공언하다, 고백하다

I want to be a **professor**.
나는 교수가 되고 싶다.

She is a **professor** at Seoul National University.
그녀는 서울대학교 교수이다.

교수 ➡ ☐☐☐☐☐☐☐☐

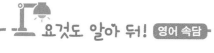

요것도 알아 둬! 영어 속담

A fault _____ed is half redressed.

고백하면 죄는 줄어든다.   *fault: 잘못, 결점 *redress: (고통·결핍 등을) 경감하다

정답: confess

137

Activity ① 다음 어원의 의미를 생각하며 단어를 완성한 후 단어와 관련된 그림과 뜻을 연결하세요.

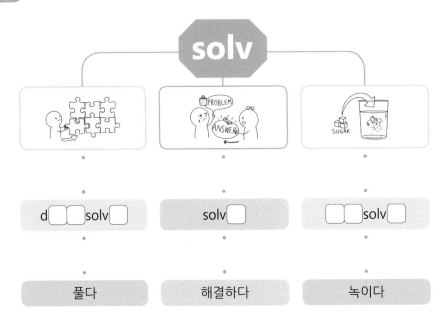

solv

| d◻◻solv◻ | solv◻ | ◻◻solv◻ |

| 풀다 | 해결하다 | 녹이다 |

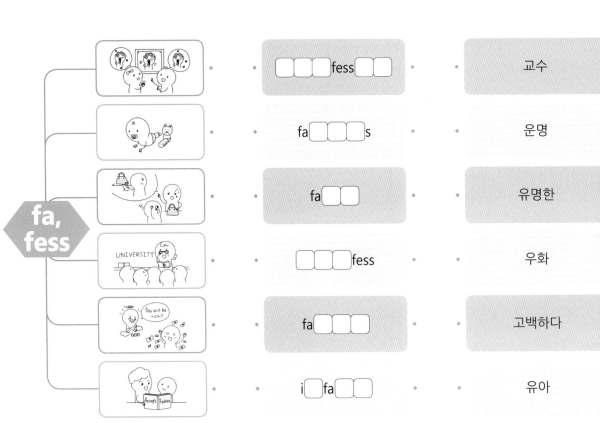

fa, fess

◻◻◻fess◻◻   교수

fa◻◻◻s   운명

fa◻◻   유명한

◻◻◻fess   우화

fa◻◻◻   고백하다

i◻fa◻◻   유아

Activity 2 다음 문장의 빈칸에 알맞은 단어를 **보기**에서 골라 적고, 퍼즐을 완성해 보세요.

보기   fate   fable   resolve   preface   dissolve

[가로]

❶ Sugar _____s in water.

설탕은 물에 녹는다.

❷ My mother always tells me some

_____.

어머니는 항상 나에게 우화를 말씀해 주신다.

❸ He mentioned her name in the _____.

그는 서문에서 그녀의 이름을 언급했다.

[세로]

❹ For that matter, I will _____ it.

그 일이라면 내가 해결할 것이다.

❺ His _____ is in my hands.

그의 운명은 내 손 안에 있다.

Activity 3 다음 문장의 ☐에 알맞은 단어의 철자를 쓰고, 번호대로 철자를 적어 하나의 단어를 완성하세요.

1 He wants to be a ☐☐☐☐☐[6] singer. 그는 유명한 가수가 되고 싶어 한다.

2 I was seriously ill as an ☐☐☐☐☐[3]. 나는 유아 때 심하게 아팠다.

3 He [1]☐☐☐☐☐[7]ed that he had stolen the bag. 그는 그 가방을 훔쳤다고 자백했다.

4 I want to be a ☐☐☐[4][5]☐☐☐. 나는 교수가 되고 싶다.

5 He ☐[2]☐☐☐d the puzzle quickly. 그는 퍼즐을 빨리 풀었다.

→ [1]☐ [2]☐ [3]☐ [4]☐ [5]☐ [6]☐ [7]☐ = _____

Unit 20

pris 잡다(take) / cept 잡다(hold)

pris
잡다(take)

prize(상, 상금)는 중세시대에 전쟁에서 공을 세운 사람들에게 적을 붙잡아서(pris) 빼앗은 물건을 상으로 준 역사에서 유래된 단어예요. pris는 '잡다'라는 의미를 담고 있어요. 교도소도 죄를 지은 사람을 붙잡아 두는 곳이기 때문에 prison이라고 한답니다.

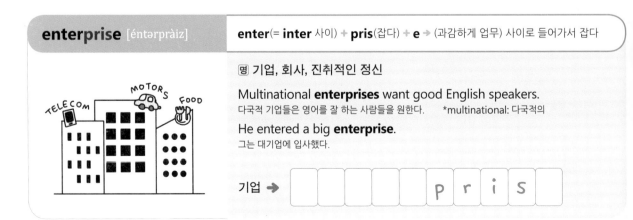

enterprise [éntərpràiz]   **enter**(= **inter** 사이) + **pris**(잡다) + **e** ➡ (과감하게 업무) 사이로 들어가서 잡다

명 기업, 회사, 진취적인 정신

Multinational **enterprises** want good English speakers.
다국적 기업들은 영어를 잘 하는 사람들을 원한다.   *multinational: 다국적의

He entered a big **enterprise**.
그는 대기업에 입사했다.

기업 ➡ [　][　][　][　] p r i s

prison [prízn]

pris(잡다) + **on** → (대상을) 잡아 놓다

명 감옥, 교도소

My brother is in **prison**.
나의 형은 수감 중이다.

He was sent to **prison** for two years.
그는 2년형을 받아 수감되었다.　*be sent to: ~로 보내지다

감옥 ➡ ☐☐☐☐☐☐

surprise [sərpráiz]

sur(= **super** 위에) + **pris**(잡다) + **e** → 위에서 (갑자기) 잡다

동 깜짝 놀라게 하다　명 놀람, 놀라운 사건

The news **surprised** him.
그 뉴스는 그를 놀라게 했다.

I have a **surprise** for you!
네가 깜짝 놀랄 소식이 있어!

깜짝 놀라게 하다 ➡ ☐☐☐☐☐☐☐☐

imprison [imprízən]

im(= **in** 안) + **prison**(감옥) → 감옥 안에 넣다

동 가두다, (감옥에) 구속하다　명 imprisonment 투옥, 구속

She was **imprisoned** for stealing money.
그녀는 돈을 훔쳐서 구속되었다.　*steal: 훔치다

I don't want to **imprison** him.
나는 그를 가두고 싶지 않다.

가두다 ➡ ☐☐☐☐☐☐☐☐

cept
잡다(hold)

cept는 어떤 대상을 잡는 것으로 pris와 그 의미가 같아요. 스마트폰의 편리한 기능 중 하나로 화면 캡쳐 기능이 있는데요. 캡쳐(capture)는 액정에 나타나는 내용을 붙잡는(cept) 기능이죠. 어원 cept가 변형되어 capture가 된 거예요.

accept [æksépt]   ac(= ad 이동) + cept(잡다) → (대상으로) 이동해서 잡다

图 받아들이다, 수용하다   图 acceptance 수락, 수용

He **accepted** her apology.
그는 그녀의 사과를 받아들였다.

She didn't **accept** my present.
그녀는 나의 선물을 받지 않았다.

받아들이다 → ☐ ☐ c e p t

except [iksépt]

ex(밖) + **cept**(잡다) → (특정 대상만) 밖으로 잡다

전 ~을 제외하고 명 exception 예외

He works weekdays **except** Monday.
그는 월요일만 제외하고 평일에 일한다.

Except that, you have many merits.
그것만 빼면 너에게는 장점이 많아.　　*merit: 장점

~을 제외하고 → ⬜⬜⬜⬜⬜⬜

concept [kánsept]

con(함께) + **cept**(잡다) → (모두가 동의해서) 함께 잡다

명 개념, 생각

You don't have any **concept** of time.
너는 시간 개념이 없구나.

Did you understand the **concept**?
당신은 그 개념을 이해했나요?

개념 → ⬜⬜⬜⬜⬜⬜⬜

reception [risépʃən]

re(계속) + **cept**(잡다) + **ion** → 계속 잡아서 (받아들이다)

명 리셉션[환영회], 손님 받기, 접수처[프런트] 동 receive 접수하다, 수신하다

Did you enjoy the **reception** yesterday?
어제 환영회 괜찮았어요?

Can I leave a message with **reception**?
접수처에 메시지를 남겨 놓을 수 있나요?

리셉션 → ⬜⬜⬜⬜⬜⬜⬜⬜⬜

intercept [intərsépt]

inter(사이) + **cept**(잡다) → 사이에 있는 것을 잡다

동 가로채다, 차단하다

She **intercepted** the letter.
그녀가 그 편지를 가로챘다.

Reporters **intercepted** me as I left the hotel.
내가 호텔을 나설 때 기자들이 나를 가로막았다.

가로채다 → ⬜⬜⬜⬜⬜⬜⬜⬜

Activity 1 다음 어원의 의미를 생각하며 단어를 완성한 후 단어와 관련된 그림과 뜻을 연결하세요.

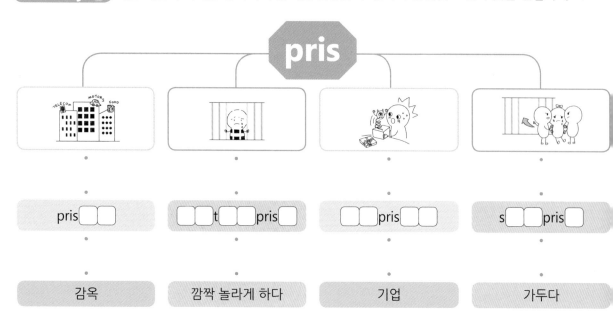

pris ⬚⬚

⬚⬚t⬚⬚pris⬚

⬚⬚pris⬚⬚

s⬚⬚pris⬚

감옥

깜짝 놀라게 하다

기업

가두다

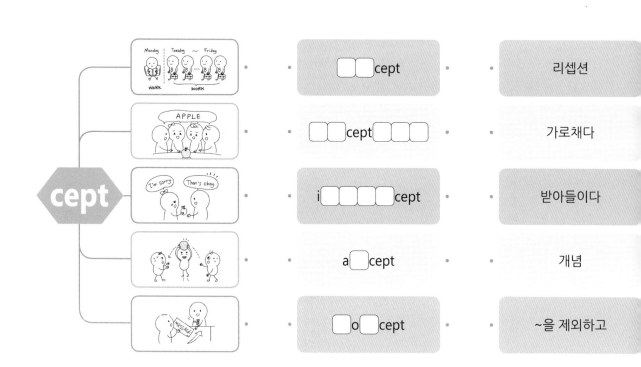

⬚⬚cept

⬚⬚cept⬚⬚⬚

i⬚⬚⬚⬚cept

a⬚cept

⬚o⬚cept

리셉션

가로채다

받아들이다

개념

~을 제외하고

Activity 2 다음 문장의 빈칸에 알맞은 단어를 보기 에서 골라 적고, 단어를 찾아 표시하세요.

보기　　accept　　intercept　　reception　　concept　　except

1　She _____ed the letter.
　　그녀가 그 편지를 가로챘다.

2　You don't have any _____ of time.
　　너는 시간 개념이 없구나.

3　He _____ed her apology.
　　그는 그녀의 사과를 받아들였다.

4　Did you enjoy the _____ yesterday?
　　어제 환영회 괜찮았어요?

5　He works weekdays _____ Monday.
　　그는 월요일만 제외하고 평일에 일한다.

R	I	N	T	P	E	C	C	A	I	X
I	X	T	A	R	X	I	N	O	P	R
N	P	E	I	C	T	E	T	A	C	A
T	I	P	N	A	N	P	X	R	N	T
E	A	X	T	I	E	A	E	O	E	X
R	T	E	P	C	X	R	A	C	O	C
C	P	X	N	A	P	O	I	N	X	A
E	A	O	R	N	T	C	O	R	A	E
P	C	A	P	E	R	X	I	P	R	T
T	E	R	I	N	C	A	N	T	I	C
P	T	R	E	C	E	P	T	I	O	N

Activity 3 다음 철자를 알맞은 순서대로 배열하여 문장의 빈칸에 쓰세요.

1　**epruriss**　➡　The news _____d him.
　　　　　　　　　　그 뉴스는 그를 놀라게 했다.

2　**poisrn**　➡　He was sent to _____ for two years.
　　　　　　　　　그는 2년형을 받아 수감되었다.

3　**pmirions**　➡　She was _____ed for stealing money.
　　　　　　　　　　그녀는 돈을 훔쳐서 구속되었다.

4　**eptserrine**　➡　Multinational _____s want good English speakers.
　　　　　　　　　　　다국적 기업들은 영어를 잘 하는 사람들을 원한다.

st(a), (s)ist <small>서다(stand), 서 있다</small>

st(a), (s)ist

서다(stand), 서 있다

신나는 댄스 음악을 하는 가수의 콘서트를 관람하기 위해 티켓을 예매하다 보면 보통 좌석(seat)과 스탠딩(standing)석 중에 하나를 선택하게 되어 있는 경우가 많아요. 좌석 티켓을 구매하면 의자에 앉아서 감상할 수 있고, 스탠딩 티켓을 구매하면 공연 내내 서서(st) 음악을 즐길 수 있죠. st(a)와 변형형인 (s)ist는 서거나 서 있는 상태를 나타내요.

---

stand [stænd]

st(서다) + **and** → 서다, 서 있다
　　　　　　　　　→ 꿋꿋하게 서서 (견디다)

통 서다, 서 있다, 견디다

He is **standing** at the bus stop.
그는 버스 정류장에 서 있다.

I can't **stand** his sister.
나는 그의 누나를 참을 수가 없다.

서다 → | s | t | | | |

cost [kɔːst]

co(= com 함께) + st(서 있다) → (제품과) 함께 서 있는 것

몡 비용, 값 동 (비용·대가가) 들다

The total **cost** to you is $20.
당신에게 부과된 총 비용은 20달러입니다.

How much did it **cost**?
그거 얼마 줬나요?

비용 →

stable [stéibl]

st(서 있다) + able(할 수 있는) → (움직이지 않고) 서 있을 수 있는

몡 안정된, 확고한 반 unstable 불안정한

This ladder seems very **stable**.
이 사다리는 대단히 안정되어 보인다.   *ladder: 사다리

You look **unstable**.
당신 불안정해 보여.

안정된 →

constant [kɑ́nstənt]

con(함께) + sta(서 있다) + nt → (항상) 함께 서 있는

몡 끊임없는, 일정한, 변함없는

Babies need **constant** care.
아기들은 끊임없이 보살펴 줘야 한다.

Belief is **constant** in a changing world.
변하는 세상 속에서도 믿음은 변치 않는다.   *belief: 믿음

끊임없는 → ☐ ☐ s t a ☐

statue [stǽtʃuː]

sta(서 있다) + tue → 서 있는 것

몡 (사람·동물 등의) 조각상

A **statue** of King Sejong stands in Gwanghwamun Square.
광화문 광장에는 세종대왕 동상이 서 있다.

The **Statue** of Liberty is in New York.
자유의 여신상은 뉴욕에 있다.

조각상 →

resist [rizíst]

re(반대) + sist(= stand 서 있다) → 반대편의 입장에 서 있다

통 저항하다, 반대하다, 견디다 명 resistance 저항, 반항

I couldn't **resist** it.
나는 그것에 저항할 수 없었다.

He could not **resist** opening the present.
그는 선물을 풀어보지 않고는 견딜 수가 없었다.

저항하다 → [ ] [ ] [s] [i] [s] [t]

consist [kənsíst]

con(함께) + sist(= stand 서 있다) → (팀을 이루기 위해) 함께 서 있다

통 구성되어 있다

This drink **consists** of apples, water and sugar.
이 음료수는 사과, 물, 설탕으로 만들어졌다.

Hair mainly **consists** of protein.
머리카락은 주로 단백질로 구성되어 있다.   *protein: 단백질

구성되어 있다 → [ ] [ ] [ ] [ ] [ ] [ ] [ ]

insist [insíst]

in(안에) + sist(= stand 서 있다) → (어떤 입장) 안에 (계속) 서 있다

통 주장하다, 고집하다 명 insistence 주장, 고집

She **insisted** on her innocence.
그녀는 자신의 무죄를 주장했다.   *innocence: 무죄, 결백

My son **insisted** on going out, rain or shine.
내 아들은 비가 오든 화창하든[날씨에 상관없이] 나가겠다고 고집을 피웠다.

주장하다 → [ ] [ ] [ ] [ ] [ ] [ ]

assist [əsíst]

as(= ad 이동) + sist(= stand 서 있다) → 이동해서 (옆에) 서 있다

통 (옆에서) 돕다, 거들다, (스포츠 득점의) 어시스트를 하다
명 도움, (스포츠) 어시스트 명 assistance 도움, 원조

I will **assist** you in your work.
내가 당신의 일을 돕겠습니다.

He had three **assists** and a goal.
그는 어시스트 3번과 한 골을 기록했다.

돕다 → [ ] [ ] [ ] [ ] [ ] [ ]

| exist [igzíst] | ex(밖) + ist(= sist 서 있다) → 밖으로 나와 서 있다 |

My Cat
REAL

Ghosts
NOT REAL

图 존재하다, 실재하다 图 existence 존재, 실재, 현존

Ghosts do not **exist**.
유령은 존재하지 않는다. *ghost: 유령, 귀신

Your name does not **exist** on the list.
당신의 이름이 목록에 없다.

존재하다 →  | | i | s | t

---

요것도 알아 둬! 영어 속담, 영어 구문

It is hard for an empty sack to _____ straight.

빈 자루는 바로 서 있지 못한다. *empty: 속이 빈 *sack: 자루 *straight: 똑바로

정답: stand

~로 구성되어 있다

- **consist of**   The group consists of five members.
- **be composed of** The group is composed of five members.
- **be made up of**   The group is made up of five members.

그 집단은 5명의 회원들로 구성되어 있다.

Activity ① 다음 어원의 의미를 생각하며 단어를 완성한 후 단어와 관련된 그림과 뜻을 연결하세요.

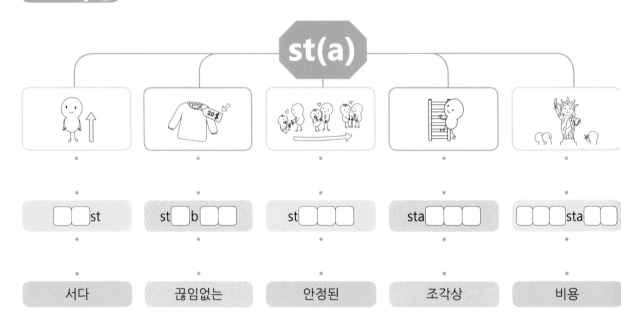

st(a)

⬜⬜st	st⬜b⬜⬜	st⬜⬜⬜	sta⬜⬜⬜	⬜⬜⬜sta⬜⬜
서다	끊임없는	안정된	조각상	비용

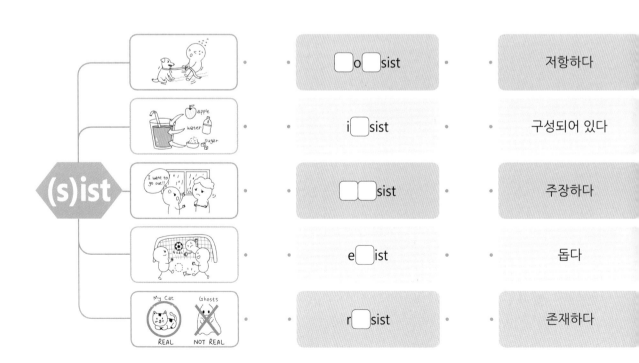

(s)ist

- ⬜o⬜sist — 저항하다
- i⬜sist — 구성되어 있다
- ⬜⬜sist — 주장하다
- e⬜ist — 돕다
- r⬜sist — 존재하다

Activity ② 다음 문장의 빈칸에 알맞은 단어를 보기에서 골라 적고, 퍼즐을 완성해 보세요.

보기   exist   consist   constant   stable   statue

[가로]

❶ Babies need _____ care.

아기들은 끊임없이 보살펴 줘야 한다.

❷ This ladder seems very _____.

이 사다리는 대단히 안정되어 보인다.

❸ The _____ of Liberty is in New York.

자유의 여신상은 뉴욕에 있다.

[세로]

❹ This drink _____s of apples, water and sugar.

이 음료수는 사과, 물, 설탕으로 만들어졌다.

❺ Ghosts do not _____.

유령은 존재하지 않는다.

Activity ③ 다음 문장의 ☐에 알맞은 단어의 철자를 쓰고, 번호대로 철자를 적어 하나의 단어를 완성하세요.

1 He is ☐☐☐☐[2]ing at the bus stop. 그는 버스 정류장에 서 있다.

2 The total ☐☐[3]☐ to you is $20. 당신에게 부과된 총 비용은 20달러입니다.

3 I couldn't ☐☐☐[5]☐☐ it. 나는 그것에 저항할 수 없었다.

4 She [1]☐☐☐[4]☐☐ed on her innocence. 그녀는 자신의 무죄를 주장했다.

5 I will ☐☐☐☐☐[6] you in your work. 내가 당신의 일을 돕겠습니다.

➡ [1]☐ [2]☐ [3]☐ [4]☐ [5]☐ [6]☐ = _____

151

pos(e), pon 놓다(put) / **fer** 옮기다(carry)

pos(e), pon

놓다(put)

월드컵 축구 방송을 시청하면 전반전 시작 전에 해설자가 선수들의 포지션(position)을 소개하죠. 포지션은 선수들 각자가 운동장에서 있어야 할 위치를 가리키는데요. 감독 입장에서 선수들을 운동장 이곳저곳에 놓는(pos) 거죠. 다음 단어들을 공부하며 어원 pos(e)와 변형형 pon의 감각을 익혀보세요.

| pose [pouz] | **pose**(놓다) ➝ (사진을 찍기 위해 몸을 어떤 자세로) 놓다 |

동 포즈[자세]를 취하다 명 자세, 자태

I **posed** for a picture.
나는 사진을 찍기 위해 자세를 취했다.

Hold that **pose**.
그 자세를 유지하세요.

포즈를 취하다 ➝ | p | o | s | e |

purpose [pə́:rpəs]

pur(= pro 앞에) + pose(놓다) → (일할 때) 맨 앞에 놓고 생각하는 것

명 목적, 의도

What is the **purpose** of telling me that?
나에게 그것을 말하는 목적이 무엇입니까?

I didn't do that on **purpose**.
내가 의도적으로 그런 게 아니었다.　　*on purpose: 고의로

목적 ➡ ⬜⬜⬜⬜⬜⬜⬜

suppose [səpóuz]

sup(= sub 아래) + pose(놓다) → (사실) 밑에 놓고 생각하다

동 가정하다, 추측하다

Let us **suppose** that it is false.
그것이 거짓이라고 가정해 보자.　　*false: 거짓의

I **suppose** prices will go down.
내 추측에는 물가가 내릴 것 같다.

가정하다 ➡ ⬜⬜⬜⬜⬜⬜

positive [pázətiv]

pos(놓다) + itive → (확실하게) 놓다 → 긍정적인

형 긍정적인, 확신하는　반 negative 부정적인

Think **positive**.
긍정적으로 생각하세요.

Don't be **negative**.
부정적으로 생각하지 마세요.

긍정적인 ➡ p o s ⬜⬜⬜⬜⬜

postpone [poustpóun]

post(뒤) + pon(= put 놓다) + e → (오늘 할 일을) 뒤로 놓다

동 연기하다, 미루다

Can you **postpone** it until tomorrow?
그걸 내일까지 연기해줄 수 있나요?

The game was **postponed** until Sunday.
시합은 일요일까지 연기되었다.

연기하다 ➡ ⬜⬜⬜⬜ p o n

fer
옮기다(carry)

수많은 사람을 실어 나르는 여객선을 영어로 ferry라고 해요. '옮기다'라는 의미를 지니고 있는 fer라는 어원에서 유래된 단어인데요. 2014년 대한민국 국민에게 큰 아픔을 줬던 세월호를 영어로 표현하면 Sewol Ferry가 돼요.

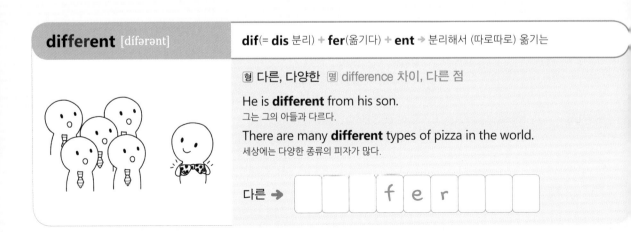

different [dífərənt]   **dif**(= **dis** 분리) + **fer**(옮기다) + **ent** → 분리해서 (따로따로) 옮기는

형 다른, 다양한 명 difference 차이, 다른 점

He is **different** from his son.
그는 그의 아들과 다르다.

There are many **different** types of pizza in the world.
세상에는 다양한 종류의 피자가 많다.

다른 → ☐ ☐ ☐ f e r ☐ ☐ ☐

prefer [prifə́:r]

pre(미리) + **fer**(옮기다) → (다른 사람이 차지하기 전에) 미리 옮기다

동 더 좋아하다, 선호하다　명 preference 선호(도)

I **prefer** jazz to dance music.
나는 댄스 음악보다 재즈를 더 좋아한다.

He **prefers** a used car to a brand new one.
그는 새 차보다 중고차를 더 선호한다.

더 좋아하다 ➡ ☐☐☐☐☐☐

refer [rifə́:r]

re(계속) + **fer**(옮기다) → (말을) 계속 옮기다
　　　　　　　　　　　　→ (궁금증을 풀기 위해) 계속 옮겨 다니다

동 언급하다, 참고하다　명 reference 말하기, 언급, 참고

Don't **refer** to that happening again.
다시는 그 일을 언급하지 마세요.

Refer to the book when you don't know.
모를 땐 그 책을 참고하세요.

언급하다 ➡ ☐☐☐☐☐

confer [kənfə́:r]

con(함께) + **fer**(옮기다) → (자격·학위 등을) 누구에게 함께 옮기다
　　　　　　　　　　　　　→ (의견을) 함께 옮기다

동 수여하다, 의논하다　명 conference 의논, 회의

He **conferred** a degree on each student.
그는 각각의 학생에게 학위를 수여했다.　*degree: 학위

I need some time to **confer** with my parents.
나는 부모님과 의논할 시간이 좀 필요하다.

수여하다 ➡ ☐☐☐☐☐

ferry [féri]

fer(옮기다) + **ry** → (사람·물건 등을) 옮기는 것

명 여객선, 나룻배

The Sewol **Ferry** sank to the bottom of the sea in 2014.
2014년도에 세월호가 바다 밑으로 침몰했다.　*sink: 침몰하다

He crossed the river by **ferry**.
그는 나룻배로 강을 건넜다.

여객선 ➡ ☐☐☐

Activity ❶ 다음 어원의 의미를 생각하며 단어를 완성한 후 단어와 관련된 그림과 뜻을 연결하세요.

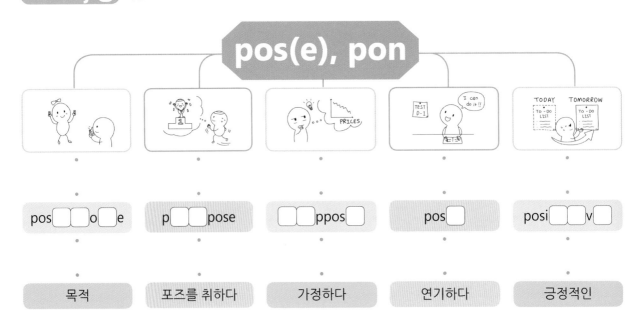

pos(e), pon

pos☐☐o☐e

p☐☐pose

☐☐ppos☐

pos☐

posi☐☐v☐

목적

포즈를 취하다

가정하다

연기하다

긍정적인

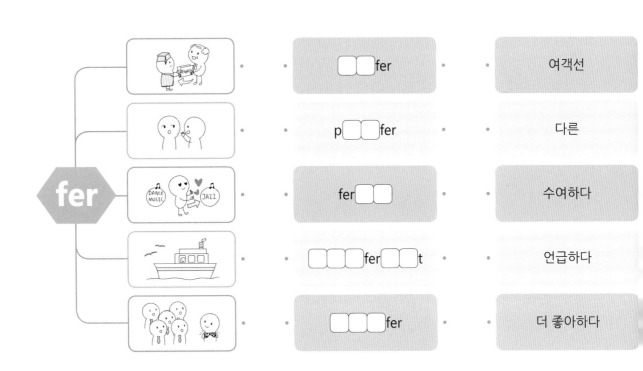

fer

☐☐fer — 여객선

p☐☐fer — 다른

fer☐☐ — 수여하다

☐☐☐fer☐☐t — 언급하다

☐☐☐fer — 더 좋아하다

Activity 2 다음 문장의 빈칸에 알맞은 단어를 보기 에서 골라 적고, 단어를 찾아 표시하세요.

보기   positive   different   postpone   purpose   suppose

1 He is _____ from his son.

그는 그의 아들과 다르다.

2 I _____ prices will go down.

내 추측에는 물가가 내릴 것 같다.

3 What is the _____ of telling me that?

나에게 그것을 말하는 목적이 무엇입니까?

4 Think _____.

긍정적으로 생각하세요.

5 The game was _____d until Sunday.

시합은 일요일까지 연기되었다.

P	T	N	E	R	E	F	F	I	D
N	P	O	S	E	N	I	S	P	N
O	R	U	E	T	S	U	O	R	E
E	S	O	P	R	U	P	T	V	N
S	N	S	R	N	S	V	I	R	O
T	E	P	T	E	R	T	U	S	P
U	S	O	S	P	I	R	I	E	T
P	V	N	E	S	O	P	P	U	S
T	O	T	O	T	R	V	E	N	O
R	S	P	V	U	S	E	O	R	P

Activity 3 다음 철자를 알맞은 순서대로 배열하여 문장의 빈칸에 쓰세요.

1 **rpeerf** → I _____ jazz to dance music.

나는 댄스 음악보다 재즈를 더 좋아한다.

2 **eferr** → _____ to the book when you don't know.

모를 땐 그 책을 참고하세요.

3 **fryer** → He crossed the river by _____.

그는 나룻배로 강을 건넜다.

4 **cfoenr** → He _____red a degree on each student.

그는 각각의 학생에게 학위를 수여했다.

5 **opes** → I _____d for a picture.

나는 사진을 찍기 위해 자세를 취했다.

ven(t) 오다, 가다(come) / ver 돌다(turn), 돌리ㄷ

ven(t)
오다, 가다(come)

거리를 오며 가며 물건을 파는 사람을 뜻하는 '행상인'은 영어로 vendor라고 해요. 어원 ven이 '오다', '가다'의 뜻을 담고 있기 때문이죠. 공기가 오고 가는 통풍구는 영어로 vent라고 하는데요. 여기에도 마찬가지로 어원 ven의 의미가 담겨 있어요.

---

event [ivént] | **e**(= **ex** 밖) + **vent**(가다) ➔ (일상에서) 밖으로 나가다

명 행사, 사건, 이벤트

This **event** is held every day during the vacation.
이 행사는 방학 기간 동안 매일 열린다.

What a great **event**!
정말 멋진 행사네요!

행사 ➔ [ ] [v] [e] [n] [t]

invent [invént]

in(안) + **vent**(오다) → (새로운 생각) 안으로 들어오다

통 발명하다, (사실이 아닌 것을) 지어내다 명 invention 발명, 지어낸 이야기

I **invented** a cleaning robot.
나는 청소 로봇을 발명했다.

What excuse did she **invent** this time?
이번에는 그녀가 어떤 변명을 지어냈지?

발명하다 ➡

prevent [privént]

pre(이전) + **vent**(오다) → (일이 발생하기) 이전에 오다

통 막다, 방지하다, 예방하다 명 prevention 예방, 방지

Nothing can **prevent** me from succeeding.
아무것도 나의 성공을 막을 수는 없다.　*succeed: 성공하다

Washing your hands is the first step to **prevent** colds.
손 씻기는 감기를 예방하는 첫 번째 단계이다.

막다 ➡

adventure [ədvéntʃər]

ad(이동) + **ven**(오다) + **ture** → (진귀한 일이 눈앞으로) 이동해서 오다

명 모험, 도전

My life is one big **adventure**.
내 삶은 하나의 큰 모험이다.

He doesn't want **adventure** any more.
그는 더 이상 모험을 원하지 않는다.

모험 ➡

convention [kənvénʃən]

con(함께) + **ven**(오다, 가다) + **tion** → 함께 모여 (약속하다)

명 집회, 협의회, 협정, 협약 통 convene 모으다, 소집하다, 모이다

I will attend the **convention**.
나는 그 집회에 참석할 것이다.　*attend: 참석하다

The United Nations **convention** on the rights of the child
아동의 권리에 대한 유엔 협약　*UN: 유엔(국제 연합)

집회 ➡

revenge [rivéndʒ]

re(다시) + ven(가다) + ge → (받은 만큼) 다시 가서 돌려주다

동 복수하다 명 복수

He **revenged** his mother's death.
그는 살해당한 어머니의 원한을 풀었다[복수했다].

Never seek **revenge** on your family.
가족에게 복수하지 마세요.   *seek: 추구하다, 찾다

복수하다 → 　　　　　　

ver
돌다(turn), 돌리다

맑은 날씨에는 지붕을 열고 비가 오면 지붕의 방향을 돌려(ver) 닫을 수 있는 자동차를 우리는 흔히 '오픈카(open car)'라고 부르는데요. 이것은 잘못된 표현이에요. 올바른 표현은 '컨버터블 카(convertible car)'랍니다. convertible에서 '돌린다'는 의미를 지니고 있는 ver를 꼭 기억하세요.

universe [júːnəvəːrs]

uni(하나) + **ver**(돌다) + **se** → (만물이) 돌아가는 하나의 공간

몡 우주, 천지 만물

There are many stars in the **universe**.
우주에는 많은 별이 있다.

Earth is a small part of the **universe**.
지구는 우주의 작은 일부분이다.

우주 →

advertise [ǽdvərtàiz]

ad(이동) + **ver**(돌리다) + **tise** → (사람의 관심을 어떤 대상으로) 돌리다

통 광고하다, 홍보하다 몡 advertisement 광고

She **advertises** the new product on TV.
그녀는 새 제품을 TV에서 광고한다.

Advertise your shop on the radio.
라디오에서 당신의 가게를 홍보하세요.

광고하다 →

reverse [rivə́ːrs]

re(뒤, 반대) + **ver**(돌리다) + **se** → 뒤[반대]로 돌리다

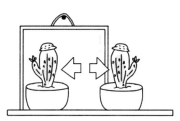

통 거꾸로 하다, 뒤집다 몡 반대, (자동차) 후진 기어

An object is **reversed** in a mirror.
거울에 비춰 보면 사물이 거꾸로 보인다.

In fact, the **reverse** is true.
실은, 그 정반대가 진실이다.

거꾸로 하다 →

convert [kənvə́ːrt]

con(완전히) + **ver**(돌리다) + **t** → (방향을) 완전히 바꾸다

통 바꾸다, 전환하다 혱 convertible 전환할 수 있는

The factory **converts** waste into energy. 그 공장은 쓰레기를 에너지로 바꾼다.

I **converted** the toilet into a storage closet.
나는 화장실을 창고용 벽장으로 바꿨다.

*storage closet: 물건을 간단히 저장할 수 있는 벽장, 작은 방

바꾸다 →

Fun Quiz

Activity ① 다음 어원의 의미를 생각하며 단어를 완성한 후 단어와 관련된 그림과 뜻을 연결하세요.

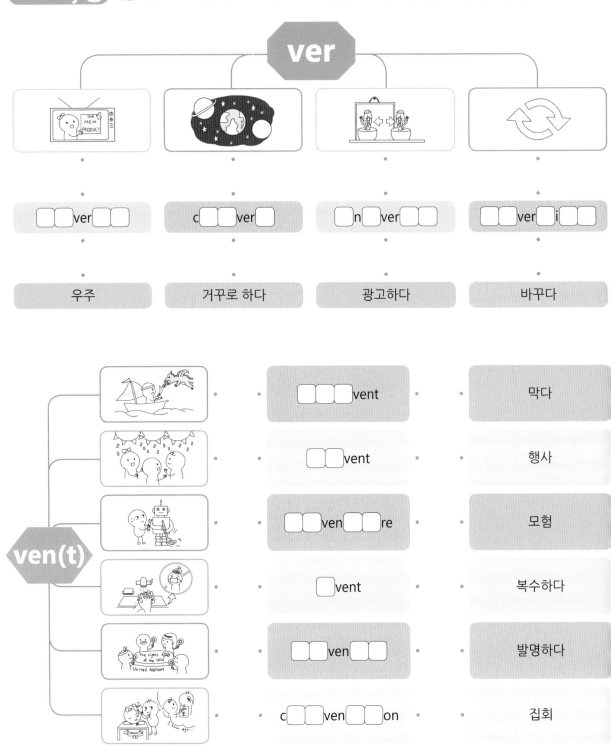

다음 문장의 빈칸에 알맞은 단어를 보기에서 골라 적고, 퍼즐을 완성해 보세요.

보기   reverse   adventure   invent   event   convert

[가로]

❶ He doesn't want _____ any more.

그는 더 이상 모험을 원하지 않는다.

❷ The factory _____s waste into energy.

그 공장은 쓰레기를 에너지로 바꾼다.

[세로]

❸ What excuse did she _____ this time?

이번에는 그녀가 어떤 변명을 지어냈지?

❹ What a great _____!

정말 멋진 행사네요!

❺ In fact, the _____ is true.

실은, 그 정반대가 진실이다.

❸ i
❺ r
❶ a
❷ c   ❹ e

다음 문장의 ☐에 알맞은 단어의 철자를 쓰고, 번호대로 철자를 적어 하나의 단어를 완성하세요.

1 Washing your hands is the first step to [1]☐☐☐☐☐☐☐ colds.

손 씻기는 감기를 예방하는 첫 번째 단계이다.

2 I will attend the ☐☐☐[4]☐☐☐[7]☐☐☐. 나는 그 집회에 참석할 것이다.

3 Never seek [2]☐☐☐☐☐☐☐ on your family. 가족에게 복수하지 마세요.

4 There are many stars in the ☐[6]☐☐☐☐☐☐. 우주에는 많은 별이 있다.

5 She ☐☐☐[3]☐☐☐☐[5]☐s the new product on TV. 그녀는 새 제품을 TV에서 광고한다.

➡ [1]☐ [2]☐ [3]☐ [4]☐ [5]☐ [6]☐ [7]☐ = ☐

163

Unit 24

press 누르다 /
-duce, -duct 이끌다

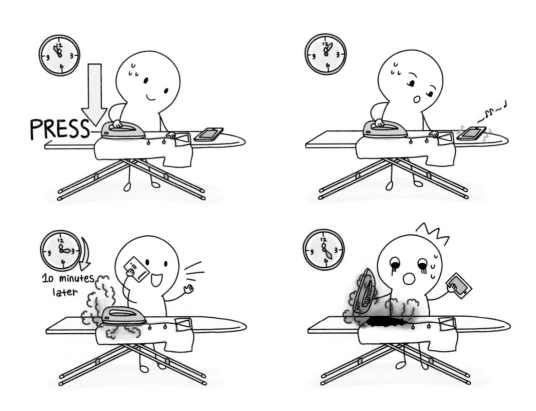

press
누르다

누르는 힘을 우리는 '압력(pressure)'이라고 해요. 공기가 누르면 '기압(air pressure)'이 되고, 물이 누르면 '수압(water pressure)'이 되고, 혈액이 혈관을 누르면 '혈압(blood pressure)'이 되죠. 이처럼 press는 누르는 행위를 의미해요.

press [pres]	press(누르다) → 누르다
	→ (글자를 종이에 대고) 누르다 → 신문, 언론

图 누르다, 압박하다 图 신문(과 잡지), 언론

He **pressed** me with questions.
그는 질문으로 나를 압박했다.

His story was reported in the **press**.
그의 이야기는 신문에 보도되었다.   *report: 보도하다, 알리다

누르다 → p r e s s

164

impress [imprés]

im(= in 안) + press(누르다) → 마음속을 꾹 누르다

통 감동시키다, 깊은 인상을 주다 형 impressive 인상적인

She **impressed** me with her honesty.
그녀는 진실함으로 나를 감동시켰다.　　*honesty: 진실함

It **impressed** me that you remembered my name.
당신이 내 이름을 기억한다는 것이 내게는 감동적이었다.

감동시키다 ➡ ⬜⬜⬜⬜⬜⬜⬜

depress [diprés]

de(= down 아래로) + press(누르다) → (마음을) 아래로 누르다

통 우울[암울]하게 하다 명 depression 우울, 불황

The news **depressed** him.
그 소식에 그는 우울해졌다.

I don't want to **depress** her too much.
나는 그녀를 너무 많이 낙담시키고 싶지는 않다.

우울하게 하다 ➡ ⬜⬜⬜⬜⬜⬜⬜

pressure [préʃər]

press(누르다) + ure → 강하게 누름

명 압력, 압박(= stress), 부담

Check the tire **pressure** every month.
매월 타이어 공기압을 점검하세요.

You need to handle **pressure** in this job.
당신은 이 업무에서 스트레스를 다스려야 합니다.　　*handle: 다스리다, 다루다

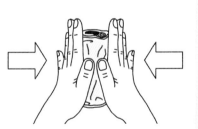

압력 ➡ ⬜⬜⬜⬜⬜⬜⬜⬜

oppress [əprés]

op(반대로, 대항하여) + press(누르다) → 반대하는 것을 누르다

통 억압하다, 억누르다 명 oppression 압박, 억압

Why do you **oppress** the workers?
당신은 왜 직원들을 억압합니까?

She **oppressed** the poor.
그녀는 가난한 자들을 억압했다.

억압하다 ➡ ⬜⬜⬜⬜⬜⬜⬜

-duce, -duct

이끌다

duce, duct는 '이끌다(lead)'라는 뜻이에요. '추론하다'는 여러 가지 정보를 바탕으로 어떠한 판단을 이끌어(duce) 내는 것이기 때문에 deduce라고 해요. 수학에서 뺄셈을 할 때 '빼다' 또한 전체 양 중에서 일부를 이끌어 내서 제하기 때문에 deduce와 비슷하게 deduct라고 하는 거예요.

---

produce [prədjúːs]

pro(앞) + **duce**(이끌다) ➔ (재료를 기계에 넣어 생산품을) 앞으로 이끌어 내다

동 생산하다, 만들어 내다 명 production 생산, 제조, 연출

My dream is to **produce** a film.
나의 꿈은 영화를 제작하는 것이다.

We **produce** large amounts of trash every day.
우리는 매일 많은 양의 쓰레기를 배출한다.   *amount: (무엇의) 양 *trash: 쓰레기

생산하다 ➔ ☐ ☐ ☐ d u c e

reduce [ridjúːs]

re(뒤) + **duce**(이끌다) ➝ (기계에 넣으려는 재료를) 뒤로 끌어당기다

동 줄이다, 축소하다 명 reduction 감소, 축소

Reduce your speed!
(도로 표지판에서) 속도를 줄이시오!

The color green helps **reduce** stress.
녹색은 스트레스를 감소시키는 데 도움이 된다.

줄이다 ➝

conduct [kəndʌ́kt][kʌ́ndʌkt]

con(함께) + **duct**(이끌다) ➝ 여러 사람을 함께 (업무·여행·연주 영역으로) 끌어당기다

동 실시하다, 안내하다, 지휘하다 명 행동, 운영
명 conductor 안내자, 지휘자, 지도자

The guide **conducted** us through the museum.
가이드가 우리에게 박물관을 안내했다.

Your **conduct** contradicts your words.
당신의 행동은 말과 모순된다. *contradict: 모순되다

실시하다 ➝  d u c t

deduct [didʌ́kt]

de(= off 분리) + **duct**(이끌다) ➝ (전체 항목 중에서 일부 항목을) 분리해서 끌어당기다

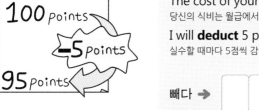

동 빼다, 공제하다, 감하다 명 deduction 빼기, 차감

The cost of your meal will be **deducted** from your salary.
당신의 식비는 월급에서 공제될 것이다. *salary: 월급

I will **deduct** 5 points for every mistake.
실수할 때마다 5점씩 감점할 것이다.

빼다 ➝

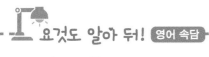 요것도 알아 둬! 영어 속담

An onion will not _____ a rose.

양파에서 장미가 나지는 않는다.(콩 심은데 콩 나고, 팥 심은데 팥 난다.)

정답: produce

167

Activity ❶ 다음 어원의 의미를 생각하며 단어를 완성한 후 단어와 관련된 그림과 뜻을 연결하세요.

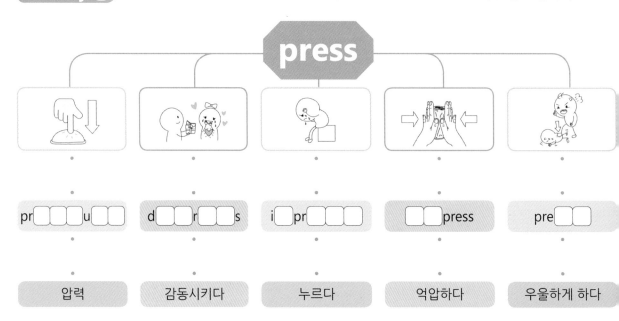

press

| pr◻◻◻u◻◻ | d◻◻r◻◻s | i◻pr◻◻◻ | ◻◻press | pre◻◻ |

| 압력 | 감동시키다 | 누르다 | 억압하다 | 우울하게 하다 |

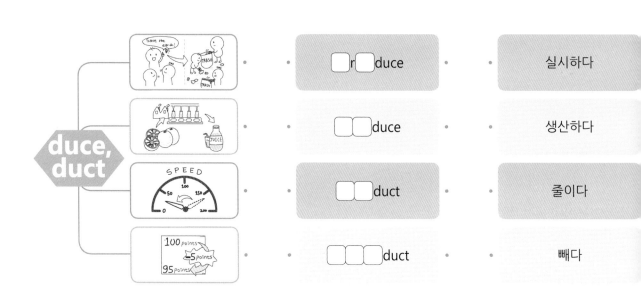

duce, duct

◻r◻duce	실시하다
◻◻duce	생산하다
◻◻duct	줄이다
◻◻◻duct	빼다

Activity ② 다음 문장의 빈칸에 알맞은 단어를 보기 에서 골라 적고, 단어를 찾아 표시하세요.

보기 pressure oppress impress reduce depress

1 Why do you _____ the workers?
당신은 왜 직원들을 억압합니까?

2 I don't want to _____ her too
much.
나는 그녀를 너무 많이 낙담시키고 싶지는 않다.

3 Check the tire _____ every
month.
매월 타이어 공기압을 점검하세요.

4 The color green helps _____
stress.
녹색은 스트레스를 감소시키는 데 도움이 된다.

5 She _____ed me with her
honesty.
그녀는 진실함으로 나를 감동시켰다.

P	O	P	R	E	C	U	D	E	R
E	D	M	S	I	D	R	E	E	U
M	E	P	R	D	U	I	R	S	E
I	S	M	U	P	S	U	O	D	I
O	P	P	R	E	S	S	U	E	D
M	R	O	D	S	E	I	E	P	R
S	U	E	E	O	R	M	P	R	I
R	I	R	O	D	P	R	S	E	D
M	P	D	U	P	M	D	E	S	U
U	M	R	P	S	I	O	R	S	R

Activity ③ 다음 철자를 알맞은 순서대로 배열하여 문장의 빈칸에 쓰세요.

1 **droucep** → My dream is to _____ a film.
나의 꿈은 영화를 제작하는 것이다.

2 **dudect** → I will _____ 5 points for every mistake.
실수할 때마다 5점씩 감점할 것이다.

3 **cuoncdt** → The guide _____ed us through the museum.
가이드가 우리에게 박물관을 안내했다.

4 **esrps** → He _____ed me with questions.
그는 질문으로 나를 압박했다.

Unit 25

port 항구, 운반하다(carry) / tail 자르다(cut)

PORT

CARRY

?!!

Hello!

WELCOME!

port

1. 항구 2. 운반하다(carry)

배는 항구(port)를 오가며 사람이나 짐을 운반하기 때문에 '항구'에서 '운반하다 (carry)'라는 뜻이 파생되었어요. 항구로 들어오거나(in) 나가거나(ex) 지나갈 때(pass) 어떠한 단어들이 만들어지는지 하나씩 살펴볼까요?

---

port [pɔːrt]

port(항구) ➡ 항구에 (배가 드나들다)

몡 항구 몡 porter 운반인, 짐꾼

The ship landed at the **port**.
배가 항구에 닿았다. *land: 육지, 착륙하다

Write down your **port** of departure.
당신이 출발하는 항구를 적으세요. *departure: 출발

항구 ➡ p o r t

QR코드를 찍어 봐~

airport [ɛ́ərpɔ̀ːrt]

air(공기, 하늘) + port(항구) → 하늘을 나는 비행기의 항구[공항]

📖 공항

The plane landed at Jeju International **Airport**.
비행기가 제주 국제공항에 착륙했다.

How can I get to Gimpo International **Airport**?
김포 국제공항은 어떻게 갈 수 있나요?

공항 ➡ ☐☐☐☐☐☐☐

passport [pǽspɔːrt]

pass(통과하다) + port(항구) → 항구를 통과할 때 필요한 것

📖 여권, 통행증

May I see your **passport**?
여권을 보여주시겠어요?

I should apply for a **passport** so I can visit Japan.
일본을 방문하기 위해서 나는 여권을 신청해야 한다.　*apply: 신청하다

여권 ➡ ☐☐☐☐☐☐☐☐

import [impɔ́ːrt][ímpɔ̀ːrt]

im(= in 안에) + port(항구) → (배가 물건을 싣고) 항구 안으로 들어오다

📖 수입하다 📖 수입(품)

Korea **imports** meat from Australia.
한국은 호주에서 고기를 수입한다.

This is an **import** from Canada.
이것은 캐나다 수입품이다.

수입하다 ➡ ☐☐☐☐☐☐

export [ekspɔ́ːrt][ékspɔ̀ːrt]

ex(밖) + port(항구) → (배가 물건을 싣고) 항구 밖으로 나가다

📖 수출하다 📖 수출(품)

Germany **exports** cars to many countries.
독일은 여러 나라에 자동차를 수출한다.

North Korea's main **export** is coal.
북한의 주요 수출품은 석탄이다.　*coal: 석탄

수출하다 ➡ ☐☐☐☐☐☐

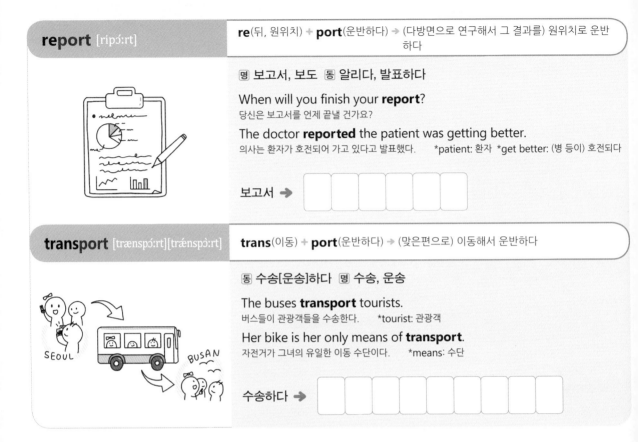

report [ripɔ́:rt]	**re**(뒤, 원위치) + **port**(운반하다) → (다방면으로 연구해서 그 결과를) 원위치로 운반하다

명 보고서, 보도 통 알리다, 발표하다

When will you finish your **report**?
당신은 보고서를 언제 끝낼 건가요?

The doctor **reported** the patient was getting better.
의사는 환자가 호전되어 가고 있다고 발표했다.　　*patient: 환자　*get better: (병 등이) 호전되다

보고서 ➡ ▯▯▯▯▯▯

transport [trænspɔ́:rt][trǽnspɔ:rt]	**trans**(이동) + **port**(운반하다) → (맞은편으로) 이동해서 운반하다

통 수송[운송]하다 명 수송, 운송

The buses **transport** tourists.
버스들이 관광객들을 수송한다.　　*tourist: 관광객

Her bike is her only means of **transport**.
자전거가 그녀의 유일한 이동 수단이다.　　*means: 수단

수송하다 ➡ ▯▯▯▯▯▯▯▯▯

자르다(cut)

우리는 tail을 '꼬리'라는 뜻으로만 알고 있지만, 어원 tail의 의미는 '자르다'예요. 도마뱀은 위기 상황 때 꼬리(tail)를 잘라 도망쳐서 위기를 모면하죠. 이렇게 '잘라낸' 끝 부분이 바로 꼬리예요. 도마뱀의 꼬리를 떠올리며 tail(자르다)의 의미를 기억하시기 바라요.

tail [teil]

tail(자르다) → (끝 부분을) 자르다

명 꼬리, 끝

A cat has a long **tail**.
고양이는 꼬리가 길다.

The police were making up the **tail** of the procession.
경찰이 그 행렬의 끝에 있었다.　*make up: ~을 이루다 *procession: 행렬, 행진

꼬리 ➡

detail [ditéil]

de(= off 분리) + **tail**(자르다) → (전체를) 분리해서 (작게) 자르다

명 세부 사항, 구체적 내용

Can you tell me about them in **detail**?
그것들에 대해 저에게 자세히 설명해 주실 수 있나요?

She has an eye for **detail**.
그녀는 세부 사항을 잘 파악하는 눈을 가지고 있다.　*have an eye for: ~을 보는 눈이 있다

세부 사항 ➡

retail [rí:teil]

re(다시, 계속) + **tail**(자르다) → 계속 잘라서 (작은 단위로 파는 것)

명 소매 반 wholesale 도매

It is not being sold in **retail** stores.
그것은 소매점들에서는 판매되고 있지 않다.

The **retail** price is 40% more than the **wholesale** price.
소매가격은 도매가격보다 40% 더 비싸다.

소매 ➡

tailor [téilər]

tail(자르다) + **or**(사람) → 자르는 사람

명 재단사

The **tailor** measured me for a new jacket.
재단사는 새 재킷을 지으려고 내 치수를 쟀다.　*measure: 측정하다

The **tailor** shortened my clothes.
재단사가 내 옷을 줄여 주었다.

재단사 ➡

173

Activity 1 다음 어원의 의미를 생각하며 단어를 완성한 후 단어와 관련된 그림과 뜻을 연결하세요.

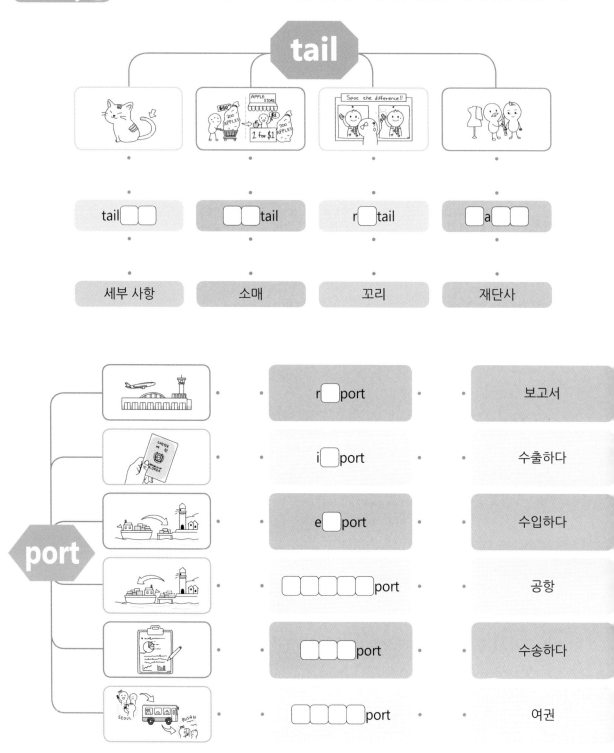

tail

tail☐☐	☐☐tail	r☐tail	☐a☐☐

| 세부 사항 | 소매 | 꼬리 | 재단사 |

port

r☐port	보고서
i☐port	수출하다
e☐port	수입하다
☐☐☐☐☐port	공항
☐☐☐port	수송하다
☐☐☐☐port	여권

다음 문장의 빈칸에 알맞은 단어를 보기 에서 골라 적고, 퍼즐을 완성해 보세요.

보기   tail   report   import   tailor   transport   passport

[가로]

❶ The _____ shortened my clothes.

재단사가 내 옷을 줄여주었다.

❷ May I see your _____?

여권을 보여주시겠어요?

❸ This is an _____ from Canada.

이것은 캐나다 수입품이다.

❹ When will you finish your _____?

당신은 보고서를 언제 끝낼 건가요?

[세로]

❺ The buses _____ tourists.

버스들이 관광객들을 수송한다.

❻ A cat has a long _____.

고양이는 꼬리가 길다.

다음 문장의 ☐에 알맞은 단어의 철자를 쓰고, 번호대로 철자를 적어 하나의 단어를 완성하세요.

1 She has an eye for ☐☐☐☐☐☐. 그녀는 세부 사항을 잘 파악하는 눈을 가지고 있다.

2 It is not being sold in ☐☐☐☐☐☐ stores. 그것은 소매점들에서는 판매되고 있지 않다.

3 The ship landed at the ☐☐☐☐. 배가 항구에 닿았다.

4 How can I get to Gimpo International ☐☐☐☐☐☐☐? 김포 국제공항은 어떻게 갈 수 있나요?

5 North Korea's main ☐☐☐☐☐☐ is coal. 북한의 주요 수출품은 석탄이다.

➡ ❶☐ ❷☐ ❸☐ ❹☐ ❺☐ ❻☐ = ☐

(s)pect 보다(look, see) / cur 관심, 치료, 돌-

(s)pect
보다(look, see)

요즘 영어를 우리말처럼 쓰는 경우가 많아요. 그 중 하나가 영화가 웅장하고 '스펙터클(spectacle)'했다고 하는 경우인데요. spectacle은 '눈으로 보기에 훌륭한 광경[장관]'을 의미하는 단어로 '보다'의 뜻을 지니고 있는 spect에서 나왔어요.

---

respect [rispékt]   **re**(다시, 계속) + **spect**(보다) ➡ (대상을) 계속 보다 ➡ 우러러보다

⟦동⟧ 존경[존중]하다 ⟦명⟧ 존경, 존중

I **respect** my mother.
나는 어머니를 존경한다.

He has no **respect** for my feelings.
그는 나의 감정을 존중하지 않는다.

존경하다 ➡ ☐ ☐ s p e c t

inspect [inspékt]

in(안) + **spect**(보다) → 안을 (자세히) 들여다보다

동 (정밀) 조사하다, 점검하다 명 inspection 조사, 검사

The police **inspected** the accident.
경찰이 그 사건을 조사했다.

She **inspected** the used car.
그녀는 중고차를 정밀하게 점검했다.

조사하다 ➡

suspect [səspékt][sʌ́spekt]

su(= sub 아래) + **spect**(보다) → 아래에서 (위로) 훑어보다

동 의심하다 명 용의자, 요주의 인물 명 suspicion 의심, 불신, 혐의

Don't **suspect** me. I did nothing.
날 의심하지 마세요. 나는 아무것도 안 했어요.

He is the second **suspect** in the case.
그는 그 사건의 두 번째 용의자이다.

의심하다 ➡

aspect [ǽspekt]

a(= ad 이동) + **spect**(보다) → (대상을) 이동해 가며 (여러 방향에서) 보다

명 측면, 관점, 방향, 모습, 외관

Think about all **aspects** of the question.
그 문제의 모든 측면을 생각해봐요.

My house has a southern **aspect**.
내 집은 남향이다.   *southern: 남쪽의

측면 ➡

prospect [prάspekt]

pro(앞) + **spect**(보다) → 멀리 앞을 내다보다

명 (미래) 전망, 가능성

There is no **prospect** for peace.
평화가 찾아올 전망이 없다.

The **prospect** of him marrying her is low.
그가 그녀와 결혼할 가능성은 낮다.

전망 ➡

spectator [spékteitər]

spect(보다) + at + or(사람) → 보는 사람

명 (스포츠 경기의) 관객

The **spectator** tried to catch the ball.
그 관중은 공을 잡기 위해 노력했다.

The number of **spectators** was two thousand.
관객들의 수는 2000명이었다.

관객 → ⬚⬚⬚⬚⬚⬚⬚⬚⬚

expect [ikspékt]

ex(밖) + pect(보다) → 현실 밖, 미래를 내다보다

Good Job

동 기대하다, 예상하다 명 expectation 기대, 예상

I **expect** to find a good job.
나는 좋은 직업을 찾기 기대한다.

I didn't **expect** that question.
그 질문은 예상하지 못했다.

기대하다 → ⬚⬚ p e c t

 CUR

cur
관심, 치료, 돌봄

노래 제목에도 있는 I don't care!는 '나는 신경 쓰지 않아!'라는 뜻이에요. care는 어원 cur에서 나온 단어인데요. cur는 '관심', '치료'의 뜻을 가지고 있어요. 관심을 갖고 치료를 한 후에는 환자의 상태가 호전될 수 있도록 돌봐야 하기 때문에 '돌봄'이란 뜻도 추가되었죠.

curious [kjúəriəs]	**cur**(주의, 관심) + **ious** ➡ 주의를 기울이는, 관심이 있는

형 호기심이 강한

I was a **curious** child.
나는 호기심이 강한 아이였다.

I'm very **curious** about my future job.
나는 나의 미래 직업이 무척 궁금하다.

호기심이 강한 ➡ | c | u | r | | | |

cure [kjuər]	**cur**(치료) + **e** ➡ 치료

동 치료하다 명 치료(법)

Will you be able to **cure** my son, doctor?
의사 선생님, 제 아들을 낫게 할 수 있나요?

There is still no **cure** for a cold.
아직까지 감기 치료법은 없다.

치료하다 ➡ | | | | |

care [kɛər]	**care**(= **cur** 돌봄) ➡ 돌보다

명 돌봄, 걱정 동 상관하다, 관심을 갖다

She is busy with the **care** of the children.
그녀는 아이들을 돌보느라 바쁘다.

I don't **care** about my clothes.
나는 옷차림에 관심이 없다.

돌봄 ➡ | c | a | r | e |

 요것도 알아 둬! 보너스 단어

curious 호기심이 강한

- **curiosity**　명 호기심, 골동품(호기심이 가는 물건)

  The child eyed me with **curiosity**. 그 아이는 호기심에 찬 눈으로 나를 바라보았다.

- **curio**　명 골동품, 진귀한 미술품

- **curator**　명 골동품 관리자(박물관이나 미술관 관장), 전시 기획자

Activity 1 다음 어원의 의미를 생각하며 단어를 완성한 후 단어와 관련된 그림과 뜻을 연결하세요.

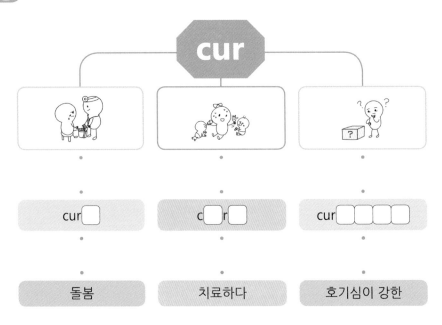

cur☐   c☐r☐   cur☐☐☐☐

돌봄   치료하다   호기심이 강한

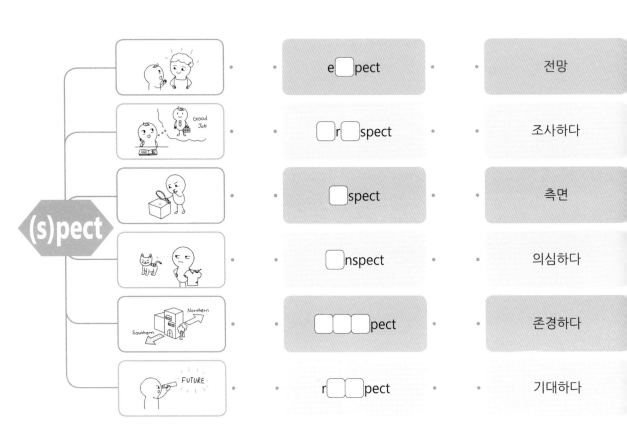

e☐pect   전망

☐r☐spect   조사하다

☐spect   측면

☐nspect   의심하다

☐☐☐pect   존경하다

r☐☐pect   기대하다

보기 inspect   expect   prospect   suspect   aspect   spectator   respect

1 I _____ my mother.
나는 어머니를 존경한다.

2 I didn't _____ that question.
그 질문은 예상하지 못했다.

3 The police _____ed the accident.
경찰이 그 사건을 조사했다.

4 Don't _____ me. I did nothing.
날 의심하지 마세요. 나는 아무것도 안 했어요.

5 Think about all _____s of the question.
그 문제의 모든 측면을 생각해봐요.

6 The number of _____s was two thousand.
관객들의 수는 2000명이었다.

7 There is no _____ for peace.
평화가 찾아올 전망이 없다.

R	I	R	U	A	P	R	P	I	E	O	C
O	E	X	P	E	C	T	X	A	S	R	E
U	T	S	S	O	R	O	T	S	X	P	S
S	R	E	P	U	A	S	P	I	I	A	R
I	N	S	P	E	C	T	U	E	T	S	O
P	O	A	T	U	C	R	S	X	U	P	T
O	I	S	I	O	U	T	R	S	A	E	A
T	C	E	P	S	O	R	P	T	I	C	T
R	O	C	I	T	X	E	U	C	O	T	C
T	X	P	A	R	C	U	E	P	S	U	E
I	A	S	X	T	U	I	A	X	R	I	P
U	E	U	R	E	O	C	P	S	A	O	S

Activity ③ 다음 철자를 알맞은 순서대로 배열하여 문장의 빈칸에 쓰세요.

1 urec → There is still no _____ for a cold.
아직까지 감기 치료법은 없다.

2 crea → She is busy with the _____ of the children.
그녀는 아이들을 돌보느라 바쁘다.

3 icusrou → I was a _____ child.
나는 호기심이 강한 아이였다.

Unit 27

cide, cis 자르다(cut) / tend 뻗다

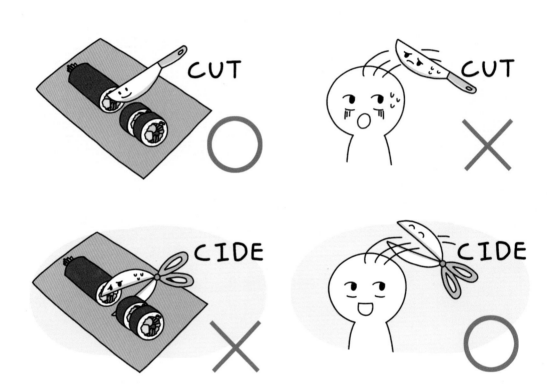

cide, cis

자르다(cut)

25과에서 배웠던 tail의 의미 기억하나요? tail의 원래 의미는 '자르다(cut)'인데요. cide도 '자르다'의 의미를 담고 있어요. cide는 cis로 형태가 변형되어 사용되기도 하는데요. scissors(가위)에 있는 cis를 잘 기억하기 바라요.

---

decide [disáid]

de(= **off** 분리) + **cide**(자르다) → (여러 대안 중 하나를) 분리해서 자르다

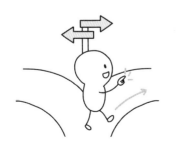

동 결정하다, 결심하다 명 decision 결정, 결단력

I can't **decide** what to do now.
나는 지금 무엇을 할지 결정할 수가 없다.

He **decided** to be a doctor.
그는 의사가 되기로 결심했다.

결정하다 → ☐ ☐ c i d e

182

accident [ǽksidənt]

ac(= **ad** 이동) + **cide**(자르다) + **nt** → 이동 중에 (안전 요소를) 자름

명 사고, 재난

The time of the **accident** was 6:10 A.M.
사고가 일어난 시각은 새벽 6시 10분이었다.

Four years ago, I had a car **accident**.
4년 전에 나는 차 사고를 당했다.

사고 → ☐☐☐☐☐☐☐☐

suicide [súːəsàid]

sui(= **self** 스스로) + **cide**(자르다) → 스스로 자름

명 자살

I think it was a **suicide**.
나는 그것이 자살이었다고 생각한다.

The **suicide** rate is quite low.
자살률이 상당히 낮다.

자살 → ☐☐☐☐☐☐☐

scissors [sízərz]

s + **cis**(자르다) + **sors** → 자르는 것

명 가위

Let's cut it with **scissors**.
그것을 가위로 오려보자.

Let's decide by rock, paper, **scissors**.
가위 바위 보로 결정하자.

가위 → ☐ c i s ☐☐☐

precise [prisáis]

pre(앞) + **cis**(자르다) + **e** → (군더더기인) 앞부분을 자르는

형 정확한, 정밀한 명 precision 정확, 정밀

What is the **precise** meaning of the word?
그 단어의 정확한 의미는 무엇입니까?   *meaning: 의미

To be **precise**, he is 10 years old.
정확히 말해서, 그는 10살이다.

정확한 → ☐☐☐☐☐☐☐

10.25 cm!

TEND

tend

뻗다

학급 회장이 선생님께 인사할 때 '차렷!(Attention!) 경례!(Bow!)'라고 하죠. 우리 말 '차렷'은 '차려'를 강조하는 말로 몸과 정신을 바로 차리어 부동자세를 취하라는 뜻인 반면, 영어의 attention은 '어떤 대상에게 관심을 쏟으라(tend, 뻗으라)'는 뜻으로 조금 차이가 있어요.

---

tend [tend]

tend(뻗다) → (어떤 방향으로) 뻗다

图 ~하는 경향이 있다　图 tendency 경향, 성향

Women **tend** to live longer than men.
여성이 남성보다 더 오래 사는 경향이 있다.

When he is tired, he **tends** to make mistakes.
그는 피곤하면 실수를 하는 경향이 있다.

~하는 경향이 있다 → | t | e | n | d |

90 years old　90 years old

---

attend [əténd]

at(= **ad** 이동) + **tend**(뻗다) → 몸을 이동해서 (자리에) 뻗다
→ (관심을) 이동해서 뻗다

图 참석하다, 주의를 기울이다
图 attendance 출석, 참석　图 attention 주의, 주목

He always **attends** the class.
그는 항상 수업에 출석한다.

You should **attend** to my words.
너는 내 말을 주의 깊게 들어야 한다.

참석하다 → | | | | | | |

184

pretend [priténd]	**pre**(미리) ＋ **tend**(뻗다) → (구실 등을) 미리 뻗쳐 놓다

동 가장[상상]하다, ~인 체하다 명 pretension 허세, 가식

Let's **pretend** we're adults.
우리가 어른이라고 해보자.　*adult: 성인, 어른

He **pretended** to be happy.
그는 행복한 척했다.

가장하다 → ▢▢▢▢▢▢▢

intend [inténd]	**in**(안) ＋ **tend**(뻗다) → (마음을 어떤 대상) 안으로 뻗다

동 의도하다, ~할 작정이다 명 intention 의도, 목적

I didn't **intend** to hurt your friend.
네 친구를 다치게 할 의도는 없었어.

What do you **intend** to do next?
다음에는 무엇을 할 작정입니까?

의도하다 → ▢▢▢▢▢▢

contend [kənténd]	**con**(함께) ＋ **tend**(뻗다) → (목적을 이루기 위해) 함께 뻗다

동 경쟁하다, 논쟁[주장]하다 명 contention 논쟁, 언쟁

They are **contending** for power.
그들은 권력을 위해 경쟁하고 있다.

She **contended** that she was innocent.
그녀는 자신의 무죄를 주장했다.　*innocent: 죄 없는, 순수한

경쟁하다 → ▢▢▢▢▢▢▢

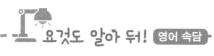 요것도 알아 둬! 영어 속담

Never ＿＿＿＿＿＿＿ with a man who has nothing to lose.

잃을 것이 없는 사람과 다투지 마라.　*nothing: 아무것도 (아니다, 없다) *lose: 잃다

정답: contend

185

Fun Quiz

Activity 1 다음 어원의 의미를 생각하며 단어를 완성한 후 단어와 관련된 그림과 뜻을 연결하세요.

cide, cis

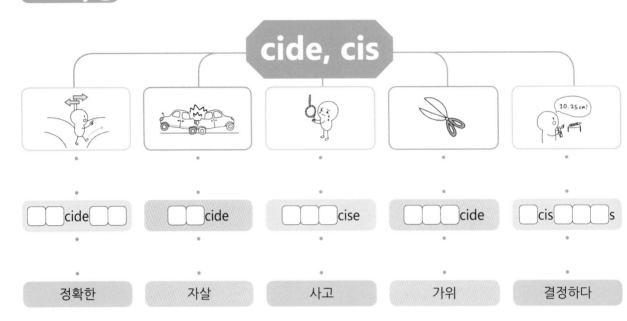

□□cide□□	□□cide	□□□cise	□□□cide	□cis□□□s

| 정확한 | 자살 | 사고 | 가위 | 결정하다 |

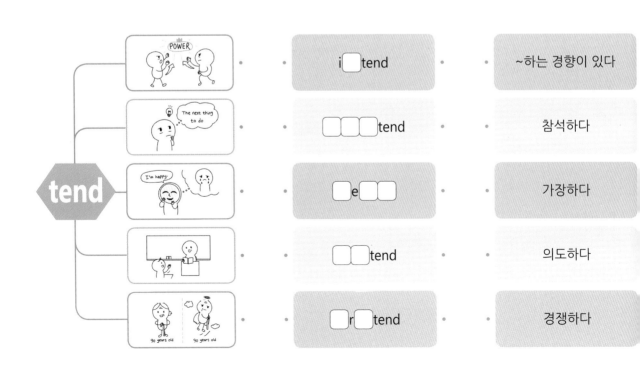

i□tend — ~하는 경향이 있다

□□□tend — 참석하다

□e□□ — 가장하다

□□tend — 의도하다

□r□tend — 경쟁하다

Activity ② 다음 문장의 빈칸에 알맞은 단어를 **보기** 에서 골라 적고, 퍼즐을 완성해 보세요.

보기　　precise　　pretend　　accident　　decide　　contend

[가로]

❶ The time of the _____ was 6:10 A.M.

　사고가 일어난 시각은 새벽 6시 10분이었다.

❷ To be _____, he is 10 years old.

　정확히 말해서, 그는 10살이다.

❸ I can't _____ what to do now.

　나는 지금 무엇을 할지 결정할 수가 없다.

[세로]

❹ They are _____ing for power.

　그들은 권력을 위해 경쟁하고 있다.

❺ Let's _____ we're adults.

　우리가 어른이라고 해보자.

```
                                    ❺
                                    P
        ❶    ❹
        a    c
                        ❷
                        P

                                    
        ❸
        d
```

Activity ③ 다음 문장의 ☐에 알맞은 단어의 철자를 쓰고, 번호대로 철자를 적어 하나의 단어를 완성하세요.

1 Let's cut it with ☐☐**①**☐☐☐☐. 그것을 가위로 오려보자.

2 I didn't ☐**②**☐☐**⑤**☐ to hurt your friend. 네 친구를 다치게 할 의도는 없었어.

3 He always ☐☐**③**☐☐s the class. 그는 항상 수업에 출석한다.

4 Women ☐**④**☐☐ to live longer than men. 여성이 남성보다 더 오래 사는 경향이 있다.

5 I think it was a ☐☐☐☐☐**⑥**☐. 나는 그것이 자살이었다고 생각한다.

➡ **①**☐ **②**☐ **③**☐ **④**☐ **⑤**☐ **⑥**☐ = ☐

cap 우두머리(head), 잡다(hold) /
fus(e) 녹이다(melt), 섞다, 붓다(pour)

cap

1. 우두머리(head) 2. 잡다(hold)

세계 최고의 축구 리그인 영국 프리미어 리그에 대한민국을 알린 박지성 선수의 별칭은 '영원한 캡틴(captain)'이에요. 국가대표 주장으로서의 역할을 높이 평가한다는 의미가 담겨 있다고 볼 수 있는데요. 주장은 그 팀의 우두머리(cap)이며, 많은 권한을 가지고(hold) 있어요.

---

captain [kǽptin] | **cap**(우두머리) + **tain** → 우두머리

명 주장, 선장, 우두머리, 지도자

He is the **captain** of the soccer team.
그는 축구팀의 주장이다.

The **captain** went on board his ship.
선장이 배에 올라탔다.   *on board: 승선한, 탑승한

주장 → | c | a | p | | | |

capital [kǽpitl]

cap(우두머리) + ital → (국가의) 머리
→ (문자의) 머리

명 국가의 수도, 대문자, 자본

Seoul is the **capital** of Korea.
서울은 대한민국의 수도이다.

Please write your name in **capital** letters.
성함을 대문자로 써 주세요.

수도 ➡ □□□□□□□

capable [kéipəbl]

cap(잡다) + able(할 수 있는) → 잡을 수 있는

형 할 수 있는, 유능한 명 capability 능력

I'm **capable** of doing the work myself.
나 혼자서 그 일을 할 수 있다.

She's a very **capable** teacher.
그녀는 아주 유능한 선생님이다.

할 수 있는 ➡ □□□□□□□

capture [kǽptʃər]

cap(잡다) + ture → (시장 경제·사람이나 동물 등을) 잡다

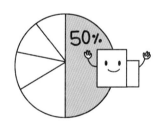

동 점유하다, 붙잡다

The company has **captured** 50% of the market.
그 회사가 시장을 50% 점유하고 있다.

The tiger was **captured** in a net.
그 호랑이가 그물에 포획되었다.

점유하다 ➡ □□□□□□□

escape [iskéip]

es(= ex 밖) + cap(잡다) + e → 밖에 있는 (무엇을) 잡고 (탈출하다)

동 탈출하다, 도망치다 명 탈출, 도피

He **escaped** from a burning car.
그는 불타는 차에서 탈출했다.

She had a narrow **escape**.
그녀는 가까스로 탈출[모면]했다.   *narrow: 간신히 이룬, 좁은

탈출하다 ➡ □□□□□□

fus(e)
녹이다(melt), 섞다, 붓다(pour)

> 퓨전(fusion) 요리는 두 요리를 섞어 새로운 요리를 만드는 것이고, 퓨전 음악은 각기 다른 두 장르의 음악을 녹여 새로운 장르의 음악을 만드는 것을 말해요. fus(e)에는 서로 다른 두 대상을 한 곳에 붓고, 섞고, 녹인다는 의미가 담겨 있어요.

| **fuse** [fjuːz] | fuse(녹이다) ➡ 녹이다 |

图 녹이다 图 (전기) 퓨즈

The fire **fused** the plastics.
플라스틱이 불에 녹았다.

I think a **fuse** has blown.
내 생각에는 퓨즈가 나간 것 같다.　*blow: (퓨즈·전구 등이) 나가다

녹이다 ➡ | f | u | s | e |

| **confuse** [kənfjúːz] | con(함께) + fuse(섞다) ➡ 함께 섞다 ➡ 뒤죽박죽되다 |

图 혼동하다, 혼란시키다 图 confusion 혼동, 혼란

My friends often **confuse** my twin sister for me.
내 친구들은 종종 내 쌍둥이 언니를 나로 혼동한다.

Don't **confuse** the issue.
쟁점을 흐리지 마세요.　*issue: 주제, 쟁점

혼동하다 ➡ | | | | | | | |

refuse [rifjúːz]	**re**(다시) + **fuse**(붓다) → (받은 것을) 다시 붓다

동 거절하다　**명** refusal 거절, 거부

He **refused** my invitation.
그는 나의 초대를 거절했다.

She **refused** to discuss the matter.
그녀는 그 문제에 대해 논의하기를 거절했다.

거절하다 → ☐☐☐☐☐☐

fusion [fjúːʒən]	**fus**(섞다) + **ion** → 섞는 것, 섞기

명 융합, 결합

I like French-Korean **fusion** dishes.
나는 프랑스-한국 퓨전 요리를 좋아한다.　*dish: 요리, 접시

Your **fusion** of jazz and hip hop in this song is very good.
이 노래에서 당신의 재즈와 힙합의 결합은 매우 훌륭하군요.

융합 → | f | u | s | ☐ | ☐ | ☐ |

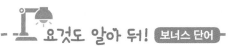 요것도 알아 둬! **보너스 단어**

capital 자본

고대 중세 시대에는 소유하고 있는 짐승의 머릿수를 세어서 재산이 적은지 많은지 평가했어요. 짐승의 머릿수를 세는 것에서 유래되어 capital은 '자본'이라는 의미도 담게 되었죠.

• She doesn't have enough **capital** to buy a house.
　그녀는 집을 살 충분한 자본금이 없다.

Activity 1 다음 어원의 의미를 생각하며 단어를 완성한 후 단어와 관련된 그림과 뜻을 연결하세요.

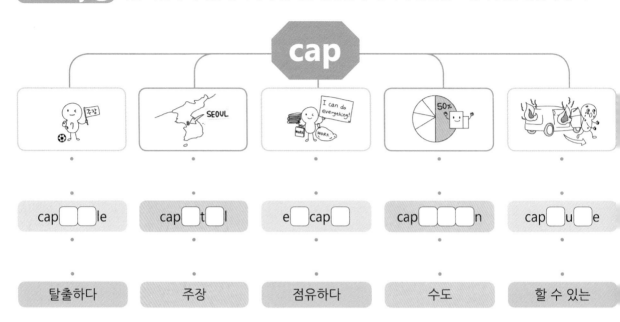

cap

| cap☐☐le | cap☐t☐l | e☐cap☐ | cap☐☐☐n | cap☐u☐e |

| 탈출하다 | 주장 | 점유하다 | 수도 | 할 수 있는 |

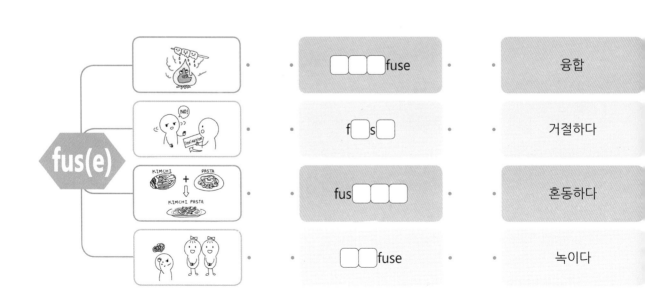

fus(e)

☐☐☐fuse	융합
f☐s☐	거절하다
fus☐☐☐	혼동하다
☐☐fuse	녹이다

Activity ❷ 다음 문장의 빈칸에 알맞은 단어를 보기 에서 골라 적고, 단어를 찾아 표시하세요.

보기   escape   capable   captain   capital   capture

1   The company has _____d 50% of the market.

그 회사가 시장을 50% 점유하고 있다.

2   He _____d from a burning car.

그는 불타는 차에서 탈출했다.

3   Seoul is the _____ of Korea.

서울은 대한민국의 수도이다.

4   He is the _____ of the soccer team.

그는 축구팀의 주장이다.

5   She's a very _____ teacher.

그녀는 아주 유능한 선생님이다.

U	C	B	A	P	R	T	C	A	C
E	R	U	T	P	A	C	U	P	A
T	R	T	U	C	S	P	L	C	P
U	E	S	C	A	P	E	R	T	T
S	L	S	E	A	B	S	A	U	A
C	B	P	C	S	P	U	L	C	I
T	A	B	S	E	R	I	S	B	N
R	P	P	A	C	U	L	T	T	B
A	A	U	E	L	T	B	R	A	P
L	C	B	A	C	P	I	T	C	L

Activity ❸ 다음 철자를 알맞은 순서대로 배열하여 문장의 빈칸에 쓰세요.

1   **fconeus** → My friends often _____ my twin sister for me.

내 친구들은 종종 내 쌍둥이 언니를 나로 혼동한다.

2   **ufse** → The fire _____d the plastics.

플라스틱이 불에 녹았다.

3   **rfuees** → She _____d to discuss the matter.

그녀는 그 문제에 대해 논의하기를 거절했다.

4   **ifnuso** → I like French-Korean _____ dishes.

나는 프랑스-한국 퓨전 요리를 좋아한다.

193

vis, view 보다(look, see)

vis, view

보다(look, see)

컴퓨터 프로그램 PDF, Powerpoint, Excel 등은 별도의 뷰어(viewer) 프로그램이 있어요. viewer는 프로그램 기능을 조작할 수 없고 단순히 내용만 볼 수 있는 프로그램을 의미하는데요. vis, view는 '보다'의 의미를 지니고 있고 vide로 변형되기도 한다는 것을 기억하세요.

advise [ædváiz]

ad(이동) + **vis**(보다) + **e** → (좋은 사례를) 가져와서 보여 주다

동 조언하다, 충고하다　명 advice 조언, 충고

STUDY HARD!

I didn't know how to **advise** my friend.
나는 내 친구에게 어떻게 조언해야 할지를 몰랐다.

Police **advised** people to stay at home.
경찰은 사람들에게 집에 머무르라고 충고했다.

조언하다 → | | | v | i | s | |

visit [vízit]

vis(보다) + **it**(= go 가다) → 보러 가다

동 찾아가다, 방문하다

I will **visit** my grandmother this summer.
나는 이번 여름에 할머니를 찾아뵐 것이다.

For more information, **visit** our website.
더 많은 정보가 필요하시면 저희 웹사이트를 방문해 주세요.

방문하다 →

vision [víʒən]

vis(보다) + **ion** → 보는 것

명 시력, 통찰력, 비전

Eagles have good **vision**.
독수리는 시력이 좋다.

He possesses leadership **vision**.
그는 지도자의 비전을 소유하고 있다.　*possess: 소유하다

시력 → | | | | | |

visible [vízəbl]

vis(보다) + **ible**(= able 할 수 있는) → 볼 수 있는

형 보이는, 눈에 띄는　반 invisible 눈에 보이지 않는

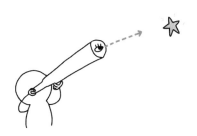

The house is **visible** from the beach.
그 집은 해변에서도 보인다.

Most stars are **invisible** to the naked eye.
대부분의 별들은 육안으로는 보이지 않는다.　*naked: (눈이) 육안의, 발가벗은

보이는 → | | | | | | |

revise [riváiz]

통 개정하다, 수정하다 명 revision 개정, 수정

You have to **revise** it.
당신은 그것을 개정해야 한다.

You need to **revise** your exercise plan.
당신은 운동 계획을 수정할 필요가 있다.

개정하다 ➡ ☐☐☐☐☐☐

supervise [sú:pərvàiz]

super(위에) + vis(보다) + e → 위에서 내려다보다

통 감독[감시]하다, 관리하다 명 supervision 감독, 관리

I don't want to **supervise** him.
나는 그를 감시하고 싶지 않다.

He **supervised** the children swimming in the pool.
그는 수영장에서 수영하고 있는 아이들을 관리했다.

감독하다 ➡ ☐☐☐☐☐☐☐☐☐

provide [prəváid]

pro(앞) + vide(= vis 보다) → 앞을 내다보고 (필수품을 제공하다)
→ 앞을 내다보고 (준비하다)

통 (필요한 물건을) 제공하다, 준비[대비]하다 명 provision 제공, 준비

Please write answers in the space **provided**.
제공된 공간에 답안을 쓰세요.

We have to **provide** against a rainy day.
우리는 만일의 상황에 대비해 두어야 한다.

*against: ~에 맞서[대비하여] *a rainy day: 비 오는 날, 만일의 상황

제공하다 ➡ ☐☐☐ v i d e

review [rivjúː]

re(다시, 계속) + **view**(보다) → 다시[계속] 보다

⑤ 다시 보다 ⑲ 다시 보기(검토, 복습, 논평)

It is useful to **review** past mistakes.
과거의 잘못들을 되돌아보는 것은 유익하다.　*past: 과거

The contract is under **review**.
계약은 현재 검토 중이다.

다시 보다 → | | | v | i | e | w |

viewpoint [vjúːpɔ̀int]

view(보다) + **point**(점) → 보는 지점

⑲ 관점, 견해

I'm trying to understand his **viewpoint**.
나는 그의 관점을 이해하려 노력하고 있다.

She has a different **viewpoint** on the matter.
그녀는 그 문제에 대해 다른 견해를 가지고 있다.

관점 → | | | | | | | | |

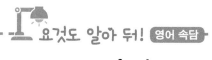 요것도 알아 둬! 영어 속담

_____ for the worst, the best will save itself.

최악을 대비하면 최선이 제 발로 찾아온다.　　*worst: 가장 나쁜 일

정답: Provide

197

Fun Quiz

Activity 1 다음 어원의 의미를 생각하며 단어를 완성한 후 단어와 관련된 그림과 뜻을 연결하세요.

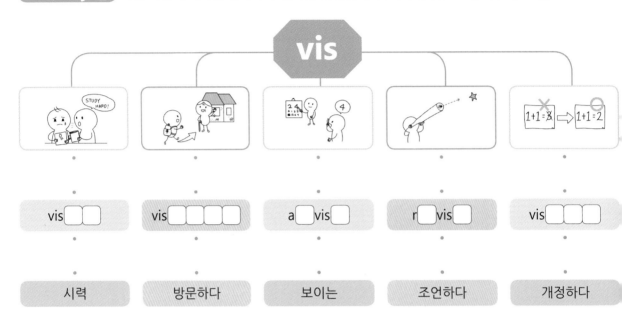

vis

| vis⬚⬚ | vis⬚⬚⬚ | a⬚vis⬚ | r⬚vis⬚ | vis⬚⬚⬚ |

| 시력 | 방문하다 | 보이는 | 조언하다 | 개정하다 |

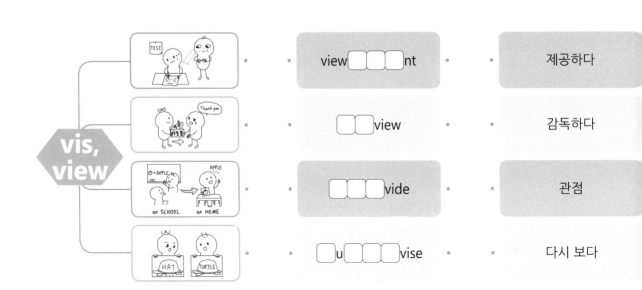

vis, view

view⬚⬚⬚nt	제공하다
⬚⬚view	감독하다
⬚⬚⬚vide	관점
⬚u⬚⬚⬚vise	다시 보다

Activity ② 다음 문장의 빈칸에 알맞은 단어를 보기 에서 골라 적고, 퍼즐을 완성해 보세요.

보기   visible   supervise   visit   revise   vision

[가로]

❶ Eagles have good _____.

독수리는 시력이 좋다.

❷ I don't want to _____ him.

나는 그를 감시하고 싶지 않다.

❸ You have to _____ it.

당신은 그것을 개정해야 한다.

[세로]

❹ The house is _____ from the beach.

그 집은 해변에서도 보인다.

❺ I will _____ my grandmother this summer.

나는 이번 여름에 할머니를 찾아뵐 것이다.

Activity ③ 다음 문장의 ☐에 알맞은 단어의 철자를 쓰고, 번호대로 철자를 적어 하나의 단어를 완성하세요.

1. It is useful to ☐☐☐☐☐☐ past mistakes. 과거의 잘못들을 되돌아보는 것은 유익하다.

2. Please write answers in the space ☐☐☐☐☐☐☐d. 제공된 공간에 답안을 쓰세요.

3. I didn't know how to ☐☐☐☐☐☐ my friend. 나는 내 친구에게 어떻게 조언해야 할지를 몰랐다.

4. I'm trying to understand his ☐☐☐☐☐☐☐☐☐☐. 나는 그의 관점을 이해하려 노력하고 있다.

➡ ①②③④⑤⑥ = ☐

fac-, -fec 만들다(make), 행하다(do)

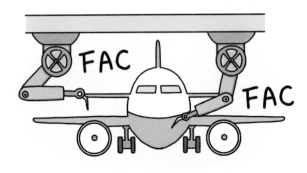

fac-, -fec

1. 만들다(make) 2. 행하다(do)

〈찰리와 초콜릿 공장(Charlie and the Chocolate Factory)〉은 찰리가 초콜릿 공장을 견학하며 발생하는 이야기를 다루고 있는 유명한 영국 소설로, 영화로도 만들어졌죠. factory(공장)는 어떤 물건을 만들기 위해 일을 행하는 곳으로 '만들고 행한다'는 의미가 담겨 있는 fac에서 나왔어요. fac은 fec, fic으로 변형되어 쓰이기도 해요.

factory [fǽktəri]

fac(만들다) + tory → 만드는 곳

명 공장, 회사, 제작소

I work at a car **factory**.
나는 자동차 공장에서 일한다.

A paper **factory** in China makes paper without using trees.
중국의 어느 종이 공장은 나무를 사용하지 않고 종이를 만든다.

공장 → f a c ☐ ☐ ☐ ☐

fact [fækt]

fac(행하다) + t → (실제로) 행하는 것

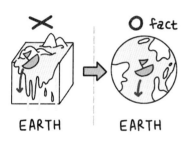

명 사실, 사건

Is that a **fact**?
그게 사실입니까?

It is no use denying the **fact**.
사실을 부인해도 소용없다.   *deny: 부인하다, 부정하다

사실 → ☐ ☐ ☐ ☐

factor [fǽktər]

fac(행하다) + tor → 행하도록 하는 것

명 요인, 요소

What is the main **factor** for the failure?
실패의 주요 요인이 무엇입니까?   *failure: 실패

Health is a **factor** of happiness.
건강은 행복의 한 요소이다.

요인 → ☐ ☐ ☐ ☐ ☐ ☐

fiction [fíkʃən]

fic(= fac 만들다) + tion → 만들어진 이야기

명 소설, 꾸며낸 이야기
반 nonfiction (전기·역사 등) 소설이 아닌 산문 문학, 실화

I like science **fiction**. 나는 공상 과학 소설을 좋아한다.
Is that book **fiction** or **nonfiction**?
그 책은 소설입니까 실화입니까?

소설 → f i c ☐ ☐ ☐ ☐

201

effect [ifékt]

ef(= **ex** 밖) + **fec**(만들다) + **t** → 만들어져서 밖으로 나온 것

명 효과, 결과, 영향 형 effective 효과적인

This drug has no **effect**.
이 약은 효과가 없다. *drug: 약

Her advice had no **effect** on me.
그녀의 조언은 나에게 영향을 주지 못했다.

효과 → | | | f | e | c | |

infect [infékt]

in(안) + **fec**(만들다) + **t** → (접촉하여) 안에 (병균을) 만들다

동 감염시키다, 전염시키다 명 infection 감염, 전염

Cold viruses usually **infect** many people.
감기 바이러스는 보통 많은 사람을 감염시킨다. *usually: 보통, 대개

I don't want to **infect** my friends.
나는 친구들에게 전염시키고 싶지 않다.

감염시키다 → | | | | | |

defect [difékt]

de(분리) + **fec**(만들다) + **t** → (제대로 된 것에서) 떨어지게 만드는 것

명 결점, 결함, 단점

She has a speech **defect**.
그녀는 말하는 데 단점을 가지고 있다. *speech defect: 언어 장애

There is a **defect** in your plan.
당신의 계획에는 결함이 있다.

결점 → | | | | | |

affect [əfékt]	af(= ad 이동) + fec(행하다) + t → (대상이 특정 지역으로) 이동해서 행하도록 만들다

RUN!

동 영향을 미치다 **명** affection 영향, 애정, 애착

My opinion didn't **affect** his decision.
나의 의견은 그의 결정에 영향을 미치지 못했다.

This game will **affect** the playoff fate of my team.
이번 경기에 우리 팀의 우승 결정전 운명이 걸려 있다.   *playoff: (시즌 종료 후) 우승 결정전

영향을 미치다 ➡ ☐☐☐☐☐☐

요것도 알아 둬! 보너스 단어

공장

- **factory**   상품이 만들어지는 공장
- **plant**   동력이 생산되거나 어떤 산업 공정이 진행되는 공장[시설]
- **mill**   특정한 재료를 만드는 공장   *ex)* a paper **mill**: 제지 공장
- **workshop**   물건을 제작·수리하는 작업장   *ex)* a car repair **workshop**: 자동차 정비소

이야기

- **story**   이야기
- **fiction**   사실이 아닌 꾸며낸 이야기
- **nonfiction**   fiction(소설·이야기 등) 외의 산문 작품
- **fable**   꾸며낸 이야기, (동식물이나 사물을 의인화해 교훈을 주는) 우화   *ex)* Aesop's **Fables**: 이솝 우화
- **report**   (뉴스·신문 등의) 보도, 필요한 정보가 담긴 기록[보고]

Activity ① 다음 어원의 의미를 생각하며 단어를 완성한 후 단어와 관련된 그림과 뜻을 연결하세요.

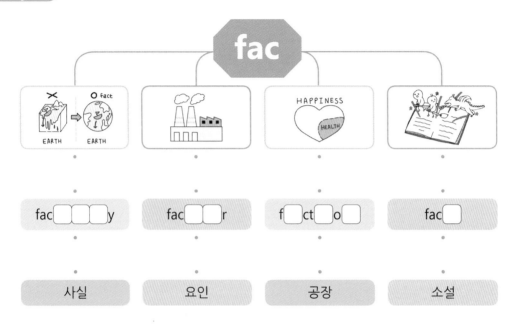

fac[ ][ ][ ]y   fac[ ][ ]r   f[ ]ct[ ]o[ ]   fac[ ]

사실   요인   공장   소설

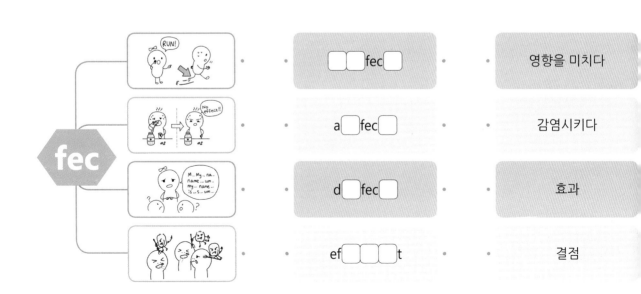

[ ][ ]fec[ ]   영향을 미치다

a[ ]fec[ ]   감염시키다

d[ ]fec[ ]   효과

ef[ ][ ][ ]t   결점

204

다음 문장의 빈칸에 알맞은 단어를 **보기** 에서 골라 적고, 단어를 찾아 표시하세요.

보기 factor   effect   fiction   factory

1 I like science _____.

나는 공상 과학 소설을 좋아한다.

2 I work at a car _____.

나는 자동차 공장에서 일한다.

3 Health is a _____ of happiness.

건강은 행복의 한 요소이다.

4 This drug has no _____.

이 약은 효과가 없다.

Y	A	F	A	C	T	O	R	E
C	F	R	F	T	O	R	N	F
O	N	I	A	Y	F	C	F	F
F	T	N	C	A	N	N	R	E
A	A	O	R	T	Y	C	A	C
N	T	C	F	A	I	Y	T	T
C	O	R	Y	R	T	O	O	F
Y	R	O	T	C	A	F	N	T
T	F	N	R	A	C	Y	F	O

Activity 3 다음 철자를 알맞은 순서대로 배열하여 문장의 빈칸에 쓰세요.

1 **ifenct** → I don't want to _____ my friends.

나는 친구들에게 전염시키고 싶지 않다.

2 **faftce** → My opinion didn't _____ his decision.

나의 의견은 그의 결정에 영향을 미치지 못했다.

3 **caft** → It is no use denying the _____.

사실을 부인해도 소용없다.

4 **efdect** → She has a speech _____.

그녀는 말하는 데 단점을 가지고 있다.

Fun Quiz
Answers

Unit 01 up- / fore

Activity 1

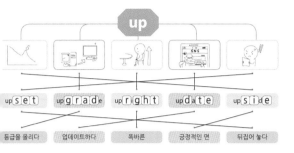

up s e t · up g r a d e · up r i g h t · up d a t e · up s i d e

등급을 올리다 · 업데이트하다 · 똑바른 · 긍정적인 면 · 뒤집어 놓다

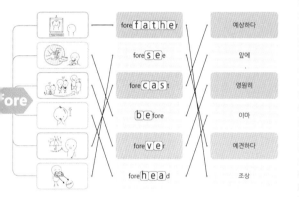

fore · fore f a t h e r · fore s e e · fore c a s t · b e fore · fore v e r · fore h e a d

예상하다 · 앞에 · 영원히 · 이마 · 예견하다 · 조상

Activity 2

foresee
upset
before
forever
update
forecast

(crossword puzzle with answers: upset, foresee, date, b-e-f-o-r-e, forever, forecast)

Activity 3

He wiped his **f o r e h e a d** with his hand. 그는 손으로 이마를 닦았다.

The Great King Sejong is my **f o r e f a t h e r**. 세종대왕님은 나의 조상이시다.

I will **u p g r a d e** my computer tomorrow. 나는 내일 내 컴퓨터를 업그레이드할 것이다.

There's an **u p s i d e** to the story. 그 이야기에는 긍정적인 면도 있다.

Sit **u p r i g h t**, please. 바른 자세로 앉아 주세요.

→ **u p r i g h t** = upright

Unit 02 pre-, pro-

Activity 1

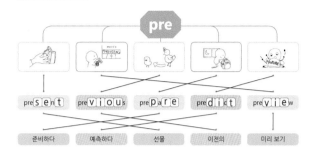

pre s e n t · pre v i o u s · pre p a r e · pre d i c t · pre v i e w

준비하다 · 예측하다 · 선물 · 이전의 · 미리 보기

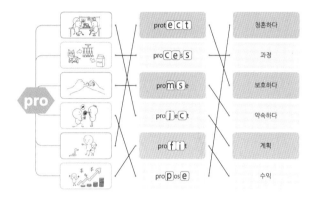

pro · prot e c t · pro c e s s · pro m i s e · pro j e c t · pro f i t · pro p o s e

청혼하다 · 과정 · 보호하다 · 약속하다 · 계획 · 수익

Activity 2

1 previous   2 present   3 prepare

4 process   5 propose   6 promise

(word search grid with PREPARE, PROCESS, etc.)

Activity 3

1 preview   2 profit   3 predict

4 project   5 protect

Unit 03 ex-

Activity 1

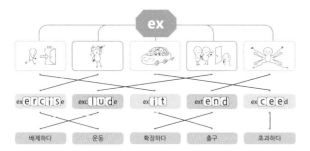

exercise	exclude	exit	extend	exceed

| 배제하다 | 운동 | 확장하다 | 출구 | 초과하다 |

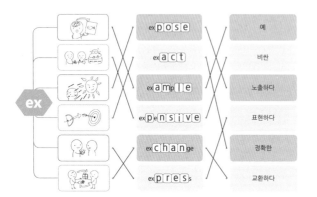

expose	예
exact	비싼
example	노출하다
expensive	표현하다
exchange	정확한
express	교환하다

Activity 2

① exchange
② exact
③ exit
④ expose
⑤ expensive
⑥ example

```
        e
    e x c h a n g e
        p           x
    e x a c t       a
        n           m
        s           p
  e x i t           l
        v           e
    e x p o s e
```

Activity 3

1 Running is good **exercise**. 달리기는 좋은 운동이다.

2 **Express**ing our love to our family is important. 가족에게 사랑을 표현하는 것이 중요하다.

3 You must not **exceed** the speed limit. 제한 속도를 초과해서는 안 됩니다.

4 They **exclude**d me from the group. 그들은 나를 그룹에 끼워주지 않았다.

5 I **extend**ed my cell phone contract. 나는 휴대폰 계약을 연장했다.

→ **e x t e n d** = extend

Unit 04 un-

Activity 1

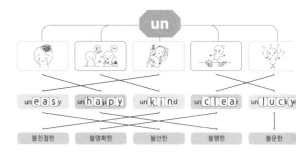

uneasy	unhappy	unkind	unclear	unlucky

| 불친절한 | 불명확한 | 불안한 | 불행한 | 불운한 |

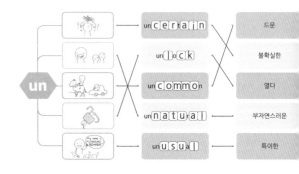

uncertain	드문
unlock	불확실한
uncommon	열다
unnatural	부자연스러운
unusual	특이한

Activity 2

1 unhappy   2 unkind   3 uneasy
4 unclear   5 unlucky

E	A	S	Y	C	H	A	U	P	Y
U	R	L	C	N	U	U	D	I	R
N	U	N	E	A	N	Y	H	C	A
L	P	P	Y	H	E	N	U	R	D
U	N	E	A	S	A	Y	P	C	N
C	K	P	Y	N	S	D	E	H	I
K	P	N	I	D	Y	U	E	A	K
Y	R	I	N	R	E	A	U	N	N
R	A	E	L	C	N	U	R	U	U
U	N	C	H	P	P	Y	U	R	I

Activity 3

1 uncertain   2 unnatural   3 unusual
4 uncommon   5 unlock

Unit 05 in-

Activity 1

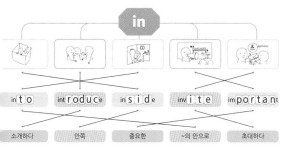

in

| into | introduce | inside | invite | important |

| 소개하다 | 안쪽 | 중요한 | ~의 안으로 | 초대하다 |

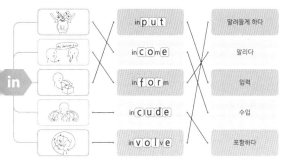

in

input	말려들게 하다
income	알리다
inform	입력
include	수입
involve	포함하다

Activity 2

important
inside
income
input
introduce

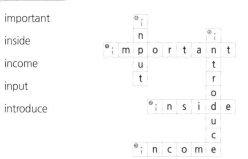

			①i							②i
			n							
③i	m	p	o	r	t	a	n	t		t
			u							r
			t							o
						④i	n	s	i	d	e
										u
										c
					⑤i	n	c	o	m	e

Activity 3

She walked **into** the room. 그녀는 방으로 들어갔다.

I'd like to **invite** you to my birthday party. 당신을 내 생일파티에 초대하고 싶어요.

She **inform**ed me of her test score. 그녀는 내게 그녀의 시험 점수를 알려주었다.

Don't **involve** him in that matter. 그 일에 그를 끌어들이지 마세요.

Does the price **include** tax? 그 가격에 세금이 포함되어 있나요?

→ **involve** = involve

Unit 06 in- / anti-

Activity 1

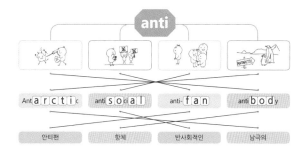

anti

| Antarctic | antisocial | anti-fan | antibody |

| 안티팬 | 한체 | 반사회적인 | 남극의 |

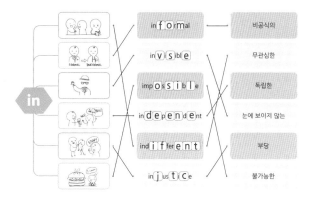

in

informal	비공식의
invisible	무관심한
impossible	독립한
independent	눈에 보이지 않는
indifferent	부당
injustice	불가능한

Activity 2

1 indifferent   2 informal   3 invisible

4 independent   5 injustice   6 impossible

N	I	M	P	O	S	S	I	B	L	E	L
S	D	C	I	S	M	L	N	S	M	E	T
E	D	N	E	F	R	T	D	N	U	R	O
B	I	C	R	V	O	S	I	E	I	C	E
E	N	F	M	A	L	M	F	N	O	R	T
F	D	P	E	S	O	R	F	J	E	M	L
M	E	U	J	B	V	O	E	I	L	S	I
L	P	R	S	L	R	C	R	E	B	P	M
P	E	O	B	M	L	O	E	T	I	L	B
I	N	S	A	L	M	R	N	F	S	A	S
D	D	L	I	M	F	S	T	B	I	E	N
M	E	J	B	O	I	M	S	I	V	N	T
S	N	U	S	T	I	C	E	V	N	S	L
B	T	O	R	E	T	S	I	D	I	F	D
E	S	R	I	N	J	U	S	T	I	C	E

Activity 3

1 antisocial   2 antibody   3 anti-fan   4 Antarctic

p.66~67

Unit 07 re-

Activity 1

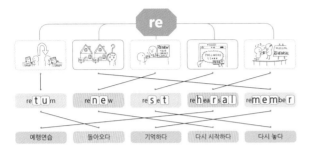

re**t**u**r**n   re**n**e**w**   re**s**e**t**   re**hea**r**sal**   re**mem**be**r**

예행연습   돌아오다   기억하다   다시 시작하다   다시 놓다

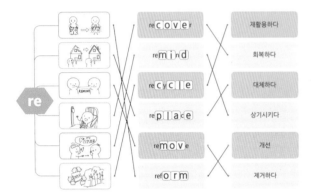

re**c**o**v**e**r** — 재활용하다
re**m**i**n**d — 회복하다
re**c**y**c**l**e** — 대체하다
re**p**l**a**c**e** — 상기시키다
re**m**o**v**e — 개선
re**f**o**r**m — 제거하다

Activity 2

① rehearsal
② reset
③ remove
④ reform
⑤ remember
⑥ renew

```
        r
  r e h e a r s a l
        m
  r e s e t
        m
        b         r
  r e m o v e     e
        r         n
            r e f o r m
                  w
```

Activity 3

1 I waited a long time for her to **r** **e** **t** **u** **r** **n**. 나는 그녀가 돌아오기를 오랜 시간 기다렸다.
2 He **r** **e** **c** **o** **v** **e** **r**ed the data. 그는 그 자료를 복구했다.
3 You **r** **e** **m** **i** **n** **d** me of my sister. 너를 보니 내 누나가 생각난다.
4 I will **r** **e** **p** **l** **a** **c** **e** the roof 나는 지붕을 교체할 것이다.
5 We should **r** **e** **c** **y** **c** **l** **e** waste paper. 우리는 폐지를 재활용해야 한다.

→ **r** **e** **c** **y** **c** **l** **e** = recycle

p.72~73

Unit 08 ad- / under

Activity 1

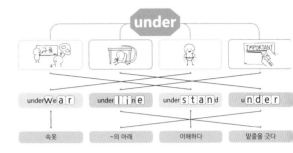

under**wea**r   under**li**n**e**   under**stan**d   under

속옷   ~의 아래   이해하다   밑줄을 긋다

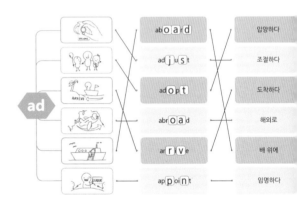

ab**oa**r**d** — 입양하다
ad**j**u**s**t — 조절하다
ad**o**p**t** — 도착하다
abr**oa**d — 해외로
ar**r**i**v**e — 배 위에
ap**p**o**i**n**t** — 임명하다

Activity 2

1 adjust   2 adopt   3 arrive
4 almost   5 abroad   6 aboard
7 appoint

A	P	O	I	N	T	D	E	R	I	V
R	T	L	M	S	T	O	S	M	A	L
B	O	P	N	J	D	P	R	A	L	D
N	E	V	O	R	D	D	B	L	M	A
E	V	D	R	D	R	O	D	I	O	L
T	I	A	O	R	A	D	J	U	S	T
N	R	M	D	R	B	E	V	V	T	I
D	R	J	D	J	A	U	S	T	O	P
B	A	T	D	A	O	R	B	A	J	V
A	P	P	O	I	N	T	L	S	I	R
J	R	T	S	U	I	R	O	J	S	E

Activity 3

1 underwear   2 under
3 underline   4 understand

210

Unit 09 over / post-

Activity 1

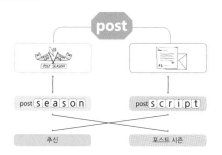

post s e a s o n   post s c r i p t

추신   포스트 시즌

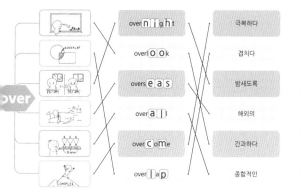

over n i g h t   극복하다
overl o o k   겹치다
overs e a s   밤새도록
over a l l   해외의
over c o m e   간과하다
over l a p   종합적인

Activity 2

overnight

over

postscript

overlook

overseas

①○○	v	e	r	n	i	g	h	t
v							
e		②○○		v	e	r	
r		v					
l		e					
o		r					
③P	o	s	t	s	c	r	i	p	t
k		e					
		a					
		s					

Activity 3

Your free time doesn't **o v e r l a p** with mine.
⑤
너의 자유 시간과 나의 자유 시간이 일치하지 않는다.

Her **o v e r a l l** record is 3 wins. 그녀의 종합 성적은 3승이다.
② ④

I tried to **o v e r c o m e** my complex. 나는 콤플렉스를 극복하기 위해 노력했다.
① ③

The **p o s t s e a s o n** starts tomorrow. 포스트 시즌이 내일부터 시작된다.
⑦ ⑥

→ **o v e r l a p** = overlap
① ② ③ ④ ⑤ ⑥ ⑦

Unit 10 out- / sub-

Activity 1

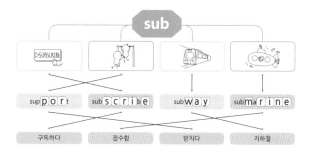

sup p o r t   sub s c r i b e   sub w a y   sub m a r i n e

구독하다   잠수함   받치다   지하철

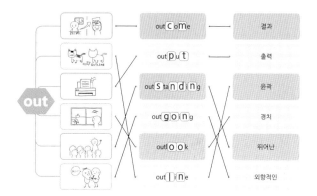

out c o m e   결과
out p u t   출력
out s t a n d i n g   윤곽
out g o i n g   경치
outl o o k   뛰어난
out l i n e   외향적인

Activity 2

1 outcome   2 outline   3 output

4 outlook   5 outstanding   6 outgoing

O	U	T	C	A	M	E	O	U	L	O	K
U	P	O	U	T	P	U	T	E	D	K	O
P	G	N	I	D	N	A	T	S	T	U	O
T	O	D	E	G	U	G	I	N	G	K	L
U	T	O	G	N	I	E	D	A	T	S	T
O	E	S	A	I	M	T	O	I	N	G	U
E	S	D	U	O	U	S	E	M	O	C	O
C	G	A	C	G	S	M	L	O	O	U	K
M	N	T	I	T	A	S	O	U	T	K	L
E	U	P	T	U	A	N	D	L	N	G	E
O	S	T	U	O	G	I	I	A	S	K	N
A	N	G	U	E	A	N	K	U	P	D	I
U	M	O	A	C	E	G	K	L	Q	R	T

Activity 3

1 subway   2 support

3 submarine   4 subscribe

Unit 11 dis-

Activity ①

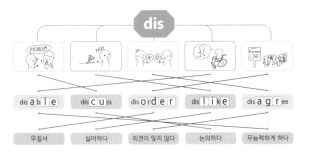

dis a b l e   dis c u ss   dis o r d e r   dis l i k e   dis a g r ee

무질서   싫어하다   의견이 맞지 않다   논의하다   무능력하게 하다

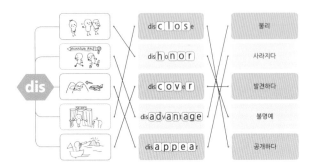

dis c l o s e   불리
dis h o n o r   사라지다
dis c o v e r   발견하다
dis advantage   불명예
dis a p p e a r   공개하다

Activity ②

① disappear
② dislike
③ discuss
④ disclose
⑤ disable

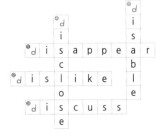

Activity ③

1 She has a sleep d i s o r d e r . 그녀는 수면 장애가 있다.

2 She is a d i s h o n o r to her family. 그녀는 가족의 수치이다.

3 What is the d i s a d v a n t a g e of living in Seoul?
서울에 사는 불편한 점은 무엇인가요?

4 He d i s a g r ee d with me on every topic. 그는 모든 문제에 대해서 나와 의견이 맞지 않았다.

5 Did you d i s c o v e r a way to solve it? 당신은 그것을 해결할 방법을 알아냈나요?

→ d i s c o v e r = discover

Unit 12 en-

Activity ①

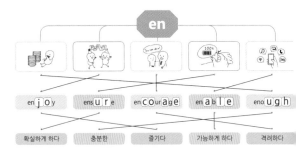

en j o y   ens u r e   en cou r a g e   en a b l e   eno u g h

확실하게 하다   충분한   즐기다   가능하게 하다   격려하다

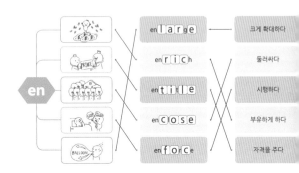

en l a r g e   크게 확대하다
en r i c h   둘러싸다
en t i t l e   시행하다
en c l o s e   부유하게 하다
en f o r c e   자격을 주다

Activity ②

1 enough   2 encourage   3 enable

4 Ensure   5 enjoy

O	E	G	A	R	U	O	C	N	E	J
E	A	B	N	L	G	C	O	C	N	E
N	J	E	N	J	O	Y	R	E	N	G
B	N	G	L	R	B	R	J	A	O	O
E	C	Y	R	E	N	C	B	C	E	A
A	E	O	J	N	G	L	B	R	G	L
L	R	A	B	O	E	Y	G	E	J	N
G	U	C	R	U	L	G	A	Y	B	Y
N	S	E	L	G	G	N	Y	O	R	L
E	N	O	A	H	B	E	B	G	R	C
B	E	J	R	C	N	L	N	Y	E	A

Activity ③

1 entitle   2 enlarge   3 enforce

4 enclose   5 enrich

Unit 13 se- / per-

Activity 1

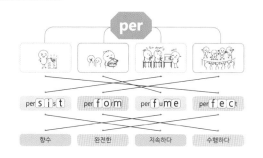

per[s][i][s][t] per[f][o][r][m] per[f][u][m][e] per[f][e][c][t]

향수   완전한   지속하다   수행하다

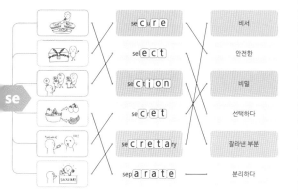

se[c][u][r][e]		비서
sel[e][c][t]		안전한
se[c][t][i][o][n]		비밀
se[c][r][e][t]		선택하다
se[c][r][e][t]a(ry)		잘라낸 부분
sep[a][r][a][t][e]		분리하다

Activity 2

secretary

perfume

separate

select

persist

```
          ②P
  ②S   ③S  e
①s e c r e t a r y
  p   l   s
  a   e   i
  r   c   s
  a   t   t
  t
④p e r f u m e
```

Activity 3

He cut the pie into three [s][e][c][t][i][o][n]s. 그는 파이를 세 조각으로 나누었다

The future of your job looks [s][e][c][u][r][e]. 당신 직업의 미래는 안전해 보인다.

You have to keep this [s][e][c][r][e][t]. 당신은 이 비밀을 지켜야 합니다.

The weather is [p][e][r][f][e][c][t] for playing outside. 날씨가 밖에서 놀기에 더할 나위 없이 좋다.

Smartphones can [p][e][r][f][o][r][m] many tasks at once.
스마트폰은 많은 업무를 한꺼번에 수행할 수 있다.

→ [s][e][c][r][e][t] = secret

Unit 14 com-, con- / tele-

Activity 1

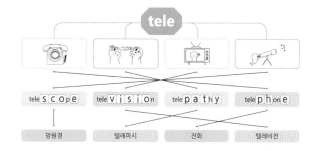

tele[s][c][o][p][e] tele[v][i][s][i][o][n] tele[p][a][t][h][y] tele[p][h][o][n][e]

망원경   텔레파시   전화   텔레비전

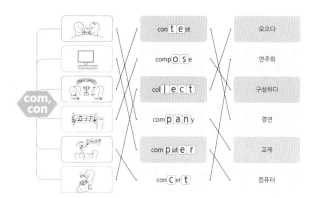

con[t][e]st		모으다
comp[o][s][e]		연주회
col[l][e][c][t]		구성하다
com[p][a][n]y		경연
com[p][u][t][e][r]		교제
con[c][e]rt		컴퓨터

Activity 2

1 collect   2 concert   3 company

4 computer   5 compose   6 contest

```
C P N A S R M C O E R O
E O R T S E T N O C C S
O T C O N L L N P Y M A
S N L P Y C E C O N R M
R C T M R O R Y C S E N
C O L L E C T O Y T T A
P M O L S N M A R S U L
Y P R C E P Y E L C P E
N O M S A Y C A M O M L
A S P N R N S Y L T O C
M E Y R O L O P C R C O
C T E C O M C L L P S L
```

Activity 3

1 television   2 telescope

3 telepathy   4 telephone

Unit 15 uni- / trans-

Unit 16 bi-, twi- / tri-

Activity 1

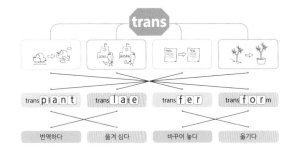

Activity 1

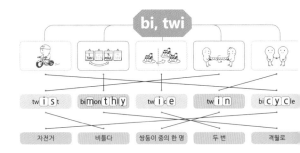

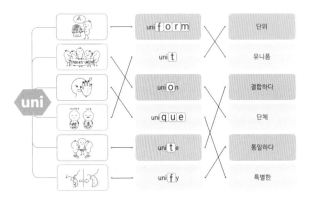

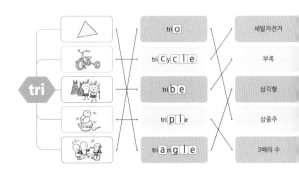

Activity 2

① transform
② unique
③ Transfer
④ union
⑤ translate

							②t
①③t	r	a	n	s	f	o	r	m
	r						a
	a						n
④u	n	i	q	⑤u	e		s
	s			n			l
	f			i			a
	e			o			t
	r			n			e

Activity 3

1 He is wearing a **u n i f o r m**. 그는 유니폼을 입고 있다.

2 The basic **u n i t** of society is the family. 사회의 기본 구성단위는 가족이다.

3 The two groups **u n i t e** d to defeat their common enemy.
두 집단은 공통의 적을 무찌르기 위해 결합했다.

4 The new president hopes to **u n i f y** the country. 새 대통령은 국가를 통합하기를 희망한다.

5 I have to **t r a n s p l a n t** the tree. 나는 그 나무를 옮겨 심어야 한다.

➔ **u n i t e** = [unite]

Activity 2

1 twist   2 bimonthly   3 twin

4 bicycle   5 twice

I	W	Y	C	L	N	E	W	Y	S
T	Y	I	B	N	I	I	L	W	T
W	C	L	O	M	W	H	T	L	Y
I	W	H	E	C	T	N	S	O	T
S	N	Y	L	N	E	H	S	N	W
T	I	B	O	S	N	T	W	O	L
C	O	M	I	M	C	S	H	L	S
Y	I	W	B	I	C	Y	C	L	E
B	H	M	W	B	I	H	S	E	B
W	B	C	O	E	C	I	W	T	H

Activity 3

1 trio   2 tribe   3 triangle

4 tricycle   5 triple

Unit 17 de- / multi-

Activity 1

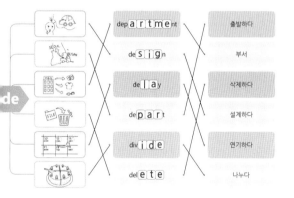

multi **p l a y e r**   multi **m e d i** a   multi **c u l t u r a l**

다문화의   멀티플레이어의   다중 매체의

de

dep **a r t m e** nt   출발하다

de **s i g** n   부서

de **l a** y   삭제하다

de **p a r** t   설계하다

div **i d** e   연기하다

del **e t e**   나누다

Activity 2

Multimedia

delay

delete

divide

depart

Activity 3

d e s i g n ed that car. 내가 저 차를 디자인했다.

He works in the sales **d e p a r t m e n t**. 그는 영업부에서 근무하고 있다.

D e t a c h section A from section B of the form. 양식의 B 부분에서 A 부분을 떼어내세요.

She likes to play **m u l t i p l a y e r** games.
그녀는 멀티플레이어 게임등을 하는 것을 좋아한다.

We live in a **m u l t i c u l t u r a l** country. 우리는 다문화 국가에서 살고 있다.

➡ **d e t a c h** = detach

Unit 18 inter- / super-, sur-

Activity 1

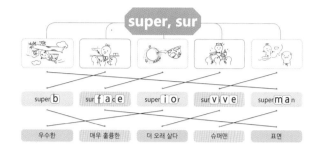

super **b**   sur **f a c e**   super **i o r**   sur **v i v e**   super **m a n**

우수한   매우 훌륭한   더 오래 살다   슈퍼맨   표면

inter

Inter **n e** t   국제적인

inter **n a t i** on **a l**   간격

inter **a c t**   교류하다

inter **v** i **e** w   인터넷

inter **v a l**   교환

inter **c h a n g** e   면접

Activity 2

1 interview   2 interchange   3 international

4 interact   5 Internet   6 interval

```
I E A I N T W G I W T R A
R N V N L G V W L A W T E
T I N T E R V I E W E G V
A T R E H E T N G N R N R
I H E R I N V T R V T I H
T L E C W E I E C A G C E
G N V H A V T R N I T W L
A I T A O N R A L R V G N
R V C N I T E C A I E A G
E T A G O V A T N O L C V
W H V E L A V R E T N I T
I N T E R N A T I O N A L
```

Activity 3

1 surface   2 superb   3 superior

4 Superman   5 survive

Unit 19 solv / fa, fess

Activity 1

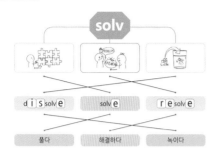

d **i s** solv **e**	solv **e**	**r e** solv **e**

풀다	해결하다	녹이다

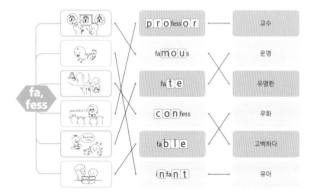

p r o fess **o r**	—	교수
fa **m o u** s		운명
fa **t e**		유명한
c o n fess		우화
fa **b l e**		고백하다
i n fa **n t**	—	유아

fa, fess

Activity 2

① dissolve
② fable
③ preface
④ resolve
⑤ fate

Activity 3

1 He wants to be a **f a m o u s** singer. 그는 유명한 가수가 되고 싶어 한다.

2 I was seriously ill as an **i n f a n t**. 나는 유아 때 심하게 아팠다.

3 He **c o n f e s s** ed that he had stolen the bag. 그는 그 가방을 훔쳤다고 자백했다.

4 I want to be a **p r o f e s s o r**. 나는 교수가 되고 싶다.

5 He **s o l v e** d the puzzle quickly. 그는 퍼즐을 빨리 풀었다.

→ **c o n f e s s** = confess

Unit 20 pris / cept

Activity 1

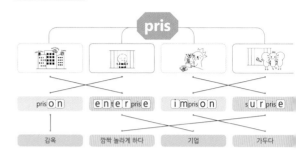

pris **o n**	**e n t e r** pris **e**	**i m** pris **o n**	**s u r** pris **e**

감옥	깜짝 놀라게 하다	기업	가두다

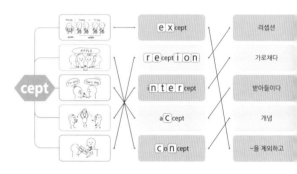

e x cept		리셉션
r e cept **i o n**		가로채다
i n t e r cept		받아들이다
a **c** cept		개념
c o n cept		~을 제외하고

cept

Activity 2

1 intercept   2 concept   3 accept

4 reception   5 except

R	I	N	T	P	E	C	C	A	I	X
I	X	T	A	R	X	I	N	O	P	R
N	P	E	I	C	T	E	T	A	C	A
T	I	P	N	A	N	P	X	R	N	T
E	A	X	T	I	E	A	E	O	E	X
R	T	E	P	C	X	R	A	C	O	C
C	P	X	N	A	P	O	I	N	X	A
E	A	O	R	N	T	C	O	R	A	E
P	C	A	P	E	R	X	I	P	R	T
T	E	R	I	N	C	A	N	T	I	C
P	T	R	E	C	E	P	T	I	O	N

Activity 3

1 surprise   2 prison

3 imprison   4 enterprise

Unit 21 st(a), (s)ist

Activity 1

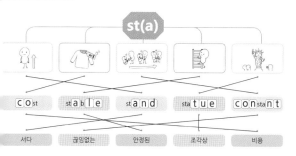

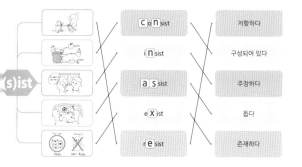

Activity 2

- constant
- stable
- Statue
- consist
- exist

```
      c
  c o n s t a n t
      n
    s t a b l e
      i
    s t a t u e
      t         x
                i
                s
                t
```

Activity 3

He is s t a n d ing at the bus stop. 그는 버스 정류장에 서 있다.

The total c o s t to you is $20. 당신에게 부과된 총 비용은 20달러입니다.

I couldn't r e s i s t it. 나는 그것에 저항할 수 없었다.

She i n s i s t ed on her innocence. 그녀는 자신의 무죄를 주장했다.

I will a s s i s t you in your work. 내가 당신의 일을 돕겠습니다.

→ i n s i s t = insist

Unit 22 pos(e), pon / fer

Activity 1

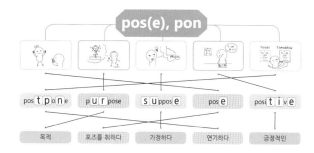

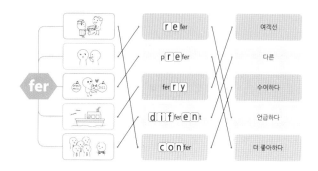

Activity 2

1 different 2 suppose 3 purpose
4 positive 5 postpone

```
P T N E R E F F I D
N P O S E N I S P N
O R U E T S U O R E
E S O P R U P T V N
S N S R N S V I R O
T E P T E R T U S P
U S O S P I R I E T
P V N E S O P P U S
T O T O T R V E N O
R S P V U S E O R P
```

Activity 3

1 prefer 2 Refer 3 ferry
4 confer 5 pose

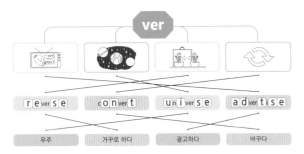

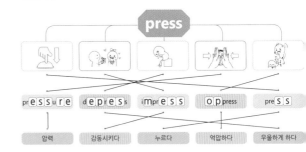

Unit 23 ven(t) / ver

p.162~163

Activity ❶

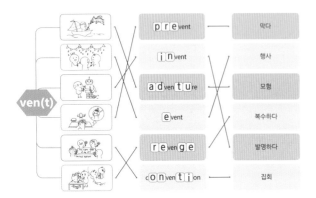

p r e vent	막다
i n vent	행사
a d ven t u re	모험
e vent	복수하다
r e ven g e	발명하다
c o n ven t i on	집회

Activity ❷

① adventure
② convert
③ invent
④ event
⑤ reverse

Activity ❸

1 Washing your hands is the first step to p r e v e n t colds.
손 씻기는 감기를 예방하는 첫 번째 단계이다.

2 I will attend the c o n v e n t i o n. 나는 그 집회에 참석할 것이다.

3 Never seek r e v e n g e on your family. 가족에게 복수하지 마세요.

4 There are many stars in the u n i v e r s e. 우주에는 많은 별이 있다.

5 She a d v e r t i s e s the new product on TV. 그녀는 새 제품을 TV에서 광고한다.

➡ p r e v e n t = prevent

Unit 24 press / -duce, -duct

p.168~169

Activity ❶

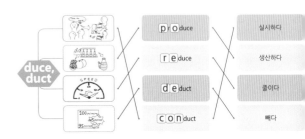

p r o duce	실시하다
r e duce	생산하다
d e duct	줄이다
c o n duct	빼다

Activity ❷

1 oppress 2 depress 3 pressure

4 reduce 5 impress

P	O	P	R	E	C	U	D	E	R
E	D	M	S	I	D	R	E	E	U
M	E	P	R	D	U	I	R	S	E
I	S	M	U	P	S	U	O	D	I
O	P	P	R	E	S	S	U	E	D
M	R	O	D	S	E	I	E	P	R
S	U	E	E	O	R	M	P	R	I
R	I	R	O	D	P	R	S	E	D
M	P	D	U	P	M	D	E	S	U
U	M	R	P	S	I	O	R	S	R

Activity ❸

1 produce 2 deduct

3 conduct 4 press

Unit 25 port / tail

Activity 1

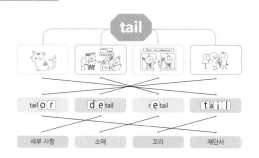

tail **o r**	**d e** tail	r **e** tail	**t a i l**

| 세부 사항 | 소매 | 꼬리 | 재단사 |

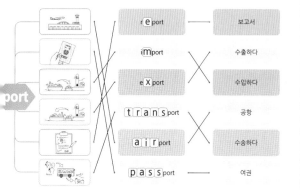

r **e** port	→ 보고서
i **m** port	수출하다
e **X** port	수입하다
t r a n s port	공항
a i r port	수송하다
p a s s port	여권

(s)port

Activity 2

tailor
passport
import
report
transport
tail

	①② t	a	i	l	o	r	
	r						
③ p	a	s	s	p	o	r	**④** t
	n						a
	s						i
⑤ i	m	p	o	r	t		l
	o						
	⑥ r	e	p	o	r	t	
	t						

Activity 3

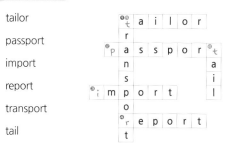

She has an eye for **d e t a i l**. 그녀는 세부 사항을 잘 파악하는 눈을 가지고 있다.

It is not being sold in **r e t a i l** stores. 그것은 소매점들에서는 판매되고 있지 않다.

The ship landed at the **p o r t**. 배가 항구에 닿았다.

How can I get to Gimpo International **A i r p o r t**? 김포 국제공항은 어떻게 갈 수 있나요

North Korea's main **e x p o r t** is coal. 북한의 주요 수출품은 석탄이다.

→ **e x p o r t** = export

Unit 26 (s)pect / cur

Activity 1

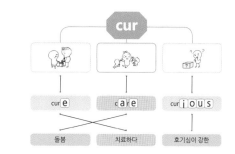

cur **e**	c **a r e**	cur **i o u s**

| 돌봄 | 치료하다 | 호기심이 강한 |

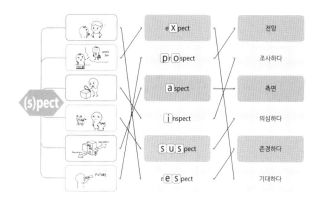

e **X** pect	전망
p r O spect	조사하다
a spect	측면
i nspect	의심하다
S U S pect	존경하다
r **e S** pect	기대하다

(s)pect

Activity 2

1 respect   2 expect   3 inspect

4 suspect   5 aspect   6 spectator

7 prospect

R	I	R	U	A	P	R	P	I	E	O	C
O	E	X	P	E	C	T	X	A	S	R	E
U	T	S	S	O	R	O	T	S	X	P	S
S	R	E	P	U	A	S	P	I	I	A	R
I	N	S	P	E	C	T	U	E	T	S	O
P	O	A	T	U	C	R	S	X	U	P	T
O	I	S	I	O	U	T	R	S	A	E	A
T	C	E	P	S	O	R	P	T	I	C	T
R	O	C	I	T	X	E	U	C	O	T	C
T	X	P	A	R	C	U	E	P	S	U	E
I	A	S	X	T	U	I	A	X	R	I	P
U	E	U	R	E	O	C	P	S	A	O	S

Activity 3

1 cure   2 care   3 curious

Unit 27 cide, cis / tend

Activity 1

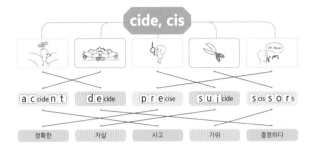

cide, cis

| a c cide n t | d e cide | p r e cise | s u i cide | s cis s o r s |

| 정확한 | 자살 | 사고 | 가위 | 결정하다 |

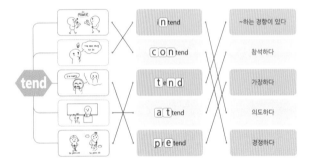

tend

i n tend	~하는 경향이 있다
c o n tend	참석하다
t e n d	가장하다
a t tend	의도하다
p r e tend	경쟁하다

Activity 2

① accident
② precise
③ decide
④ contend
⑤ pretend

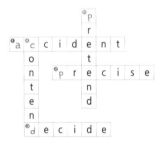

```
        ᵖP
        r
ᵃa ᶜc  c  i  d  e  n  t
    o        t
    n     ᵖp  r  e  c  i  s  e
    t        n
    e        d
    n
   ᵈd  e  c  i  d  e
```

Activity 3

1 Let's cut it with s c i s s o r s. 그것을 가위로 오려보자.
2 I didn't i n t e n d to hurt your friend. 네 친구를 다치게 할 의도는 없었어.
3 He always a t t e n d s the class. 그는 항상 수업에 출석한다.
4 Women t e n d to live longer than men. 여성이 남성보다 더 오래 사는 경향이 있다.
5 I think it was a s u i c i d e. 나는 그것이 자살이었다고 생각한다.

→ i n t e n d = [intend]

Unit 28 cap / fus(e)

Activity 1

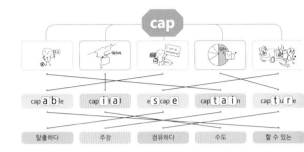

cap

| cap a b le | cap i t al | e s cap e | cap t a i n | cap t u r e |

| 탈출하다 | 주장 | 점유하다 | 수도 | 할 수 있는 |

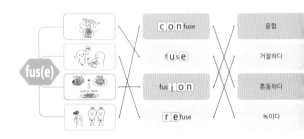

fus(e)

c o n fuse	융합
f u s e	거절하다
fus i o n	혼동하다
r e fuse	녹이다

Activity 2

1 capture   2 escape   3 capital
4 captain   5 capable

U	C	B	A	P	R	T	C	A	C
E	R	U	T	P	A	C	U	P	A
T	R	T	U	C	S	P	L	C	P
U	E	S	C	A	P	E	R	T	T
S	L	S	E	A	B	S	A	U	A
C	B	P	C	S	P	U	L	C	I
T	A	B	S	E	R	I	S	B	N
R	P	P	A	C	U	L	T	T	B
A	A	U	E	L	T	B	R	A	P
L	C	B	A	C	P	I	T	C	L

Activity 3

1 confuse   2 fuse
3 refuse   4 fusion

Unit 29 vis, view

Activity 1

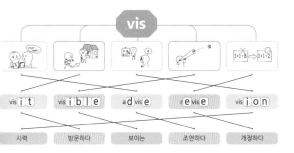

vis **i t**	vis **i b l e**	a d vis **e**	r **e** vis **e**	vis **i o n**
시력	방문하다	보이는	조언하다	개정하다

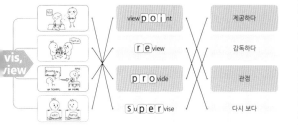

vis, view

view **p o i** nt	제공하다
r e view	감독하다
p r o vide	관점
s u p e r vise	다시 보다

Activity 2

vision
supervise
revise
visible
visit

```
  ①② v i s i o n
    i            ③ v
  ④ s u p e r v i s e
    i              s
    b              i
    l              t
  ⑤ r e v i s e
```

Activity 3

It is useful to **r e v i e w** past mistakes. 과거의 잘못들을 되돌아보는 것은 유익하다.

Please write answers in the space **p r o v i d e** d. 제공된 공간에 답안을 쓰세요.

I didn't know how to **a d v i s e** my friend. 나는 내 친구에게 어떻게 조언해야 할지를 몰랐다.

I'm trying to understand his **v i e w p o i n t**. 나는 그의 관점을 이해하려 노력하고 있다.

→ **r** **e** **v** **i** **e** **w** = review

Unit 30 fac-, -fec

Activity 1

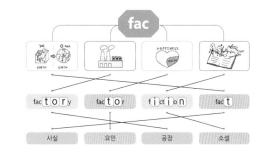

fac **t o r y**	fac **t o r**	f **i** **c t i o n**	fac **t**
사실	요인	공장	소설

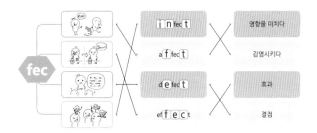

fec

i n fec **t**	영향을 미치다
a **f** fec **t**	감염시키다
d **e** fec **t**	효과
ef **f** **e c** t	결점

Activity 2

1 fiction   2 factory

3 factor   4 effect

Y	A	F	A	C	T	O	R	E
C	F	R	F	T	O	R	N	F
O	N	I	A	Y	F	C	F	F
F	T	N	C	A	N	N	R	E
A	A	O	R	T	Y	C	A	C
N	T	C	F	A	I	Y	T	T
C	O	R	Y	R	T	O	O	F
Y	R	O	T	C	A	F	N	T
T	F	N	R	A	C	Y	F	O

Activity 3

1 infect   2 affect

3 fact   4 defect

Index 색인

어원으로 익히는 필수 영단어 300개를 알파벳순으로 정리했습니다.